激動の欧州連合(EU)の移民政策

——多文化・多民族共生の限界と
イスラム過激派組織によるテロリズムの脅威——

大泉常長 著

晃 洋 書 房

まえがき

「移民」といえば、日本人の反応は大きく二つに分かれる。一つは凶悪犯罪が増加し治安が悪くなるから駄目だという否定論である。もう一つは主に労働力不足など、経済的な理由から大量に受け入れるべきだとの肯定論である。前者は、労働力や内需の拡大、異文化交流など有益な面を見ようとしないが、後者にも問題がある。移民を安価な労働力としか見なさず、少子高齢化による労働力不足を補う手段としか考えず、受け入れに必要な社会的コストを無視する人が多いのである。因みに、二〇一四年四月、元経団連会長 米倉弘昌氏は、（高齢化・少子化の影響で）将来の日本の労働力不足を予測して、「（我が国の）出生率が上がったとしても、もう三〇年二〇年以上待たないと効果が出てこないことを考えると、やはり移民は必要である」と述べている。ここで重要なことは外国人移民が集中的に住む欧州連合（EU）で何が起こっているのか、その現状を知ることである。

トーマス・ハンマー（Tomas Hammar）の「ヨーロッパの移民政策（European Immigration Policy）」（Cambridge University Press, 1985）によると、移民政策はしばしば矛盾する二つの側面を持ち合わせている。すなわち、移民流入の規制および在留移民・外国人の管理と在留移民の生活、権利、社会・政治への参加といった統合（Integration）に関わる移民政策の両面である。前者は移民の管理を目的とし、後者は社会参加に関心を向ける。後者の社会参加を支援する（社会）統合政策の要諦は、①移民と移民受け入れ社会との間で進められる、互いの権利とそれに対応する義務を基礎とした、継続的かつ双方向の過程として理解されなければならない。②統合政策（Integration Policy）には全体的なアプローチが最も重要であり、統合の社会・経済的な面だけでなく、文化・宗教的な多様性、市民権、参加および政治的権利も考慮しなければならない。③総合的な統合政策が要請される。その要素として、労働市場への統合、教育及び言語技能、住宅および都市計画、健康および社会福祉、社会・文化環境、国籍・市民権および多様性の尊重があげられる。

今日フランスやオランダなど多くの欧州諸国で進められている移民政策の特徴は、受け入れの条件が特に低学歴者などに対して厳しくなっている一方で、統合の条件もまた厳しくなっているところにある。受け入れ・統合契約が制度化され、それが遵守されなければ処罰もあり得る。受け入れ国の言語を学ぶことも義務付けられた。欧州連合（EU）諸国は総じて移民受け入れに消極的になり、欧州域外国境で移民を選別する傾向を強めている。

フランスの社会学者ドミニク・シュナペール（Dominique Schnapper, 1934-）も移民に関する欧州各国の捉え方は、その国が潜り抜けてきた政治・歴史的経験に深く根ざしていると指摘している。またマヌエル・ボウチャー（Manuel Boucher）は、移民の処遇と難民庇護との調和を図るにあたっては、それぞれの国に特有の統合モデルに沿う必要があると述べている。スウェーデンの統合モデルにおいては、非ヨーロッパ圏の移民をわずかしか受け入れていない一方で、在留移民が自文化を保持したまま市民権を取得するのは容易である。この政策は幅広く国民の同意を得ており、文化的多様性、協力、連帯を社会の主要価値とすることで、移民の平等な処遇を促進している点が特徴である。またオランダは、異なる社会・歴史的背景を持ちつつも、スウェーデンと類似のモデルを作り上げた。オランダ社会は長年社会・文化行政のかなりを国家が教会に委ねる「柱状化」を基本として営まれてきた。インドネシアなど旧植民地から流入した多数の移民の管理、彼らが利用できるような公的施設の設置も、この仕組からの圧力が増し、国民アイデンティティーを巡る議論が高まってきている。今では移民が市民権を取得するためには、オランダ社会への同化が求められるのである。

英国における移民の統合に関しては、多文化主義の承認に基づいた政策が徐々に作り上げられてきた。英国では移民とその子孫たちは不利な立場に置かれた民族的マイノリティーであり、国家が統合に努めなければならないと認識されている。英国の実情は、多文化主義の理念の陰で、劣悪な社会・経済的地位を制度化させる危険を増大させている。

一方、欧州連合（EU）非加盟国であるスイスは「非参加型の同化主義」をモデルとする。国籍について血統主義をとっていることに象徴されるように、民族的な国民概念を重視するスイスは、移民を単なる労働力としか見なさない。ちなみに、スイス製薬大手ロシュの本社のあるバーゼルの社員の五〇％は国外出身者で占められている。移民は様々な側面を備えた市民ではなく、生産者、消費者、社会保険加入者、納税者という社会・経済上の市民に過ぎない。二〇一四年二月の国民投票で外国人労働者の受け入れに上限を設ける提案が可決、政府は規制強化の法案策定を急いでいる。

欧州における移民統合の四つの対立軸について、ジュネーヴ大学社会学部クローディオ・ボルツマン（Claudio Bolzman）教授およびスイスの社会学者マニュエル・ブーシェ（Manuel Boucher）氏は、共同執筆論文「ヨーロッパ諸国の移民政策の概況」の中で次のように述べている。

「移民統合について論じる際、第一の対立軸となっているのは文化的権利とその他の市民権との関係である」。これについては国家と諸政党、専門家の間で意見が分かれている。問題の核心は、平等と差違の関係をどのように捉えるかにある。一方には、移民が独自の文化的アイデンティティーを保持すれば、彼らのコミュニティーと国民共同体との溝を広げ、それ以外の獲得と行使を妨げることになるとの意見がある。つまり、ハンツ・ヨワヒム・マルセイユ（Hans Joachim Marseille）が言っているように、文化的な同化こそが完全な市民権の行使の前提条件になるという考え方である。

さて、近年、欧州連合（EU）において、中東における地域紛争のほか、情報や技術のグローバル化の進展に伴って、国境の敷居が低くなり、内乱などの地域紛争地帯のシリアやリビアのほか、北アフリカ、中国、旧ソ連圏、南米などから欧州連合（EU）域内に大量の不法移民が流入している。特に、最近では、二〇一五年来、シリア情勢の悪化に伴い、一〇〇万人を超えるイスラム系の難民や移民が到来したドイツやフランスなどのヨーロッパ連合国には、難民の急増が目立ち、毎日のように大量の難民が押し寄せており、各国はその対応に頭を痛めている。また、相変わらずモロッコ沖の大西洋にあるスペイン領カナリア諸島やイタリアのシチリア島などには、貧困問題が深刻化している北アフリカのセネガルやギニアビサワなどから小船で大量の密航者が漂着している。

こうした密航者の中には途中で遭難する者も多く、年間五〇〇〇—六〇〇〇人が死亡している。これに対してスペインは、欧州連合（ＥＵ）に海上警備への支援を求める一方、セネガルと送還協定を結んでいる。

このように移民が発生する理由には、自らの意志によって自発的に行動するケースと自らの意思ではなく、第三者の強制的な介入によるケースの二つがある。

前者は、①自国より高い労働賃金と恵まれた労働条件を求めての移民であり、移民発生理由の大半を占めている。そのほか、②国内における紛争などによって避難民になって他国に移住するケース、③政情不安などが原因で他国に亡命する（政治的要因）、④自国内の治安悪化から逃れるため、⑤女性の社会における行動の制限などの社会的問題から逃避するため、などがある。また後者は、①マフィア組織によって強制的に他国に連れ出されるケースであり、どちらのケースも受け入れ国においてニーズがあって初めて移民が成立するのである。もちろん移住を決意する場合、一つだけの理由だけではなく、複数の理由からなることが多いのである。

移民が移住先（国）を決める場合の主な動機は、①移住先において移民の受け入れ環境が整っている、②共通の言語を話すなど同じ文化圏である、③地理的に近い、④移住先に親族や友人がいる、などである。これらのうちで最も多いのは、移住先に家族もしくは友人がいるなど、移民の関係者を頼って移住するケースである。次いで多いのが、共通の言語を話し、旧植民地に対する影響力を維持するために移民を寛容に受け入れている旧宗主国への移住である。

欧州連合（ＥＵ）統計局によると、欧州連合（ＥＵ）域内には域外から二〇一一年だけで約一七〇万人の移民が流入した。その多くは中東や北アフリカ諸国からである。移民先は英国、ドイツ、スペイン、イタリアで全体の約六割を占める。とりわけ、二〇一〇年末以降の「アラブの春」に伴い社会情勢が混乱するエジプトやシリアなど中東から欧州に流入する難民が急増している。

欧州連合（EU）は、合法的な移民に対し、加盟国の国民と同等の権利・義務を与える方針で、加盟各国が独自に行ってきた移民政策を域内で共通化しようと試みている。二〇〇五年には欧州連合（EU）の対域外国境警備を担当する欧州域外国境管理局（FRONTEX）が設立された。ただ、経済危機による失業率上昇などで各国の受け入れ能力にも差が出ており、共通化には遅れも指摘されている。

ところで、欧州連合（EU）での難民申請は過去二年間で約一・三倍の三〇万人超に増えた、財政負担を理由に各国が引き受けを渋り、域内で難民を押し付け合う兆しもあり、欧州の掲げる人道主義が揺らぎかねない情勢である。こうした難民申請の急増を受けて欧州連合（EU）内では移民や難民の受け入れを厳しく制限すべきだと主張する極右政党が支持を集めている。債務危機を受けて一部の有権者の既存政党離れが進み、その受け皿になっている。二〇一四年五月の欧州議会選挙で極右政党が多くの議席を確保し、欧州連合（EU）の統合深化の議論に深刻な影響を及ぼしている。

欧州連合（EU）は移民・難民問題について協力関係を深めようとしているが、極右政党が台頭したことで反対論が強まっている。欧州議会は二〇〇九年のリスボン条約の発効で権限が強化された。極右政党などが多くの議席を確保し、議会内やメディアへの露出が増え、欧州委員会や加盟国も無視できない存在になっている。

現在、欧州連合（EU）諸国において、深刻な少子高齢化問題が存在しており、労働力不足や人口構造上の問題を解決するため、労働力が不足している分野や高度な技術や知識を有する外国人労働者を受け入れている。このように、外国に移住を促す内部的要因と外部的要因の両方が存在することによって移住が成立するのである。しかし近年では、需要があるなしに関わりなく移住を試みる者が多くなっている。

欧州は域内の国境検査を原則廃止する「シェンゲン協定」によって原則的に域内の自由な移動や労働を認めてい

るが、労働者の大量移動による混乱を防ぐため、加盟国各国は労働者の流入制限を実施している。最近では、自国民の雇用機会が奪われる懸念から、新規加盟のルーマニアやブルガリアからの低賃金労働者の受け入れも制限することを決定している。特に、移民が社会福祉を受けやすい英国では国民の職が奪われ、多額の福祉予算を費やしているとの声が高まっている。こうした状況をルーマニアやブルガニアからの福祉目当ての低賃金労働者が受け入れ国の社会保障サービスの略奪を狙っているといったパニック感情が煽られている。

欧州は不法移民の大量流入を抑えるため、包括的な移民対策に着手している。その主な対策として、不法移民は原則として認めないことを前提に、不法移民の国外追放、不法移民を雇用した企業への罰則や国境警備の強化などを進めている。こうした対策の強化によって、欧州連合（EU）当局は、年間約四〇万人前後の不法移民の身柄を拘束している。

欧州各国は不法移民の雇用禁止を定めているが実際には建設工事、家政婦などに従事する事例が多い。欧州連合（EU）は建設工事、観光業、飲食業といったサービス分野の域内自由化政策を採っており、規制撤廃や行政手続きの簡素化で国境を越えたサービス事業を促して経済活性化を目指しているが、欧州連合（EU）主要国によるこうした労働者の流入制限が長期にわたれば、サービス自由化が進まなくなる恐れがある。

近年のアフガン紛争やシリアおよびイラクでの内戦などの影響で、欧州連合（EU）域内における急激な移民の増加に伴って、イスラム系移民が加わっている過激派組織「イスラム国（IS）」や「アル・カイダ」によるテロの脅威、外国系マフィア組織による人身売買および麻薬密売、人種差別問題、エイズや結核などの感染症問題など、様々な問題が表面化している。これらの問題のうち特に欧州連合（EU）域内での過激派組織「イスラム国（IS）」によるテロの脅威が欧州全土に広がっている。欧州刑事警察機構（ユーロポール）が公表した「欧州連合（EU）域内でのテロに関する年次報告書」によると、「イスラム国（IS）」が好む戦略として「ローンウルフ（一匹狼）」型テロが増加している実情に警鐘を鳴らした。ユーロポールは、イスラム国などが「欧州のイスラム教徒に対し、単独でテロを起こすように繰り返し呼び掛けている」と言明している。

同報告書によると、二〇一五年末の時点で欧州からシリアやイラクへの渡航者は五〇〇〇人を超え、多くが戦闘員として帰国しているという。女性の渡航者の割合が急増しているのも特徴で、オランダの場合は四〇％に上る。女性によるテロ増加への懸念も示している。統計では、欧州連合（EU）域内では二〇一五年に未遂も含めて二一一件のテロ事件が発生し、一五一人が死亡、三六〇人以上が負傷した。

さて、本書は著者の長年の「欧州地域における移民政策の研究」の研究成果である。私が欧州連合（EU）域内の移民問題に関心を持ち始めたのは、スペイン国立サンティアゴ・デ・コンポステーラ大学大学院に留学していた時なので既に一五年以上の歳月が経っている。大学院の授業でスペイン・ガリシア地方の中心都市「ラ・コルーニャ」や大学のある「サンティアゴ」などから貧困層の人たちが戦前は中南米への大量移住、戦後は英・仏・独などの第二次、第三次産業における労働力不足を補うために数十万人単位の出稼ぎ労働者が西ヨーロッパ諸国へ移住したことを知った時である。専門の国際経営学や危機管理学の研究の傍ら、本格的な研究を始めて以来、少しずつ原稿を書き溜めていたため、一部の統計資料が古くなってしまった。これらの統計資料は欧州移民史の流れを知る上で大変貴重なので、敢えて新規のデータに替えないでそのまま掲載したことをお断りしておきたい。

私が研究を始めたばかりの頃は欧州連合（EU）加盟主要国のいずれも積極的に移民を受け入れて労働力不足を補っていた。しかし、一五年以上経った現在は欧州連合（EU）の経済危機やシリアやアフガニスタンなどからの欧州連合（EU）への難民急増などが発端となって排外主義が台頭し、移民に雇用を奪われる、移民が手厚い社会保障制度を食い物にするといった反感が広がり、移民排斥を唱える極右勢力の議会での伸長を促してきた。そして英国やドイツには、異人種・異教徒が共生する「多文化社会」の建設は失敗したとの声も出ている。ちなみに、英国の場合、政府の移民政策に対する不満が最大の要因となり、二〇一六年六月二三日に実施された欧州連合（EU）からの離脱の是非を問う国民投票で、離脱派が過半数以上を占め、英国は正式に欧州連合（EU）から離脱することが決定した。

本書では、まず、欧州連合（EU）諸国における移民の歴史について検討し、次に、移民労働者の受け入れによる経済効果について概観する。さらに、不法移民の増加による治安悪化問題、イスラム過激派組織「イスラム国（IS）」によるテロの脅威、人種差別問題、欧州における移民政策と社会統合、不法移民の感染症問題など、欧州連合（EU）諸国が移民を受け入れたことによって抱えている深刻な社会問題について考察する。そして最後に、こうした欧州連合（EU）における移民破綻問題を踏まえて、日本における外国人移民問題のあるべき姿について検討してみる。

二〇一六年一一月

青森中央学院大学経営法学部研究室にて　大泉常長

目　次

第1章　欧州連合（EU）における移民の歴史

第1節　一九四五—一九七三年までの移民の歴史
——ヨーロッパ周辺国から先進工業国への移民史——

第二次世界大戦によって生じた労働力不足や戦時中の出生率低下を補うため、多くのヨーロッパ先進工業国は、戦後移民の受け入れを積極的に推進した。また、戦後復興に伴う経済成長も移民の受け入れを加速させる大きな要因となった。この時期のヨーロッパにおける移民労働者の移動は主に、ヨーロッパ周辺国から先進工業国（アイルランドから英国、スペイン・イタリアからフランスやドイツ、フィンランドからスウェーデン、イタリアからスイス）への移民と旧植民地国から旧宗主国（北アフリカ国からフランス、英連邦諸国から英国など）への移民の二種類であった。

スペイン労働省の統計資料によると、一九六四—一九七三年における国別のスペインのガリシア地方からヨーロッパ各地への移民数は、スイスが一一万人で最も多く、次いで、ドイツの七万人、フランスの五万人と続き、そのほか英国、オランダなどへ二万人が移住している。これらの出稼ぎ労働者からの送金は、長年にわたってガリシア地方に残された家族の家計を支える重要な収入源となった。

戦後まもなく多くの先進工業国は国内の労働力不足を解消するため、多くの外国人移民を受け入れている。また、

図表1-1　欧州主要国における移民の推移（1950～1975年）

（単位：千人）

国　名	1950	1960	1970	1975	人口に占める割合(%)
旧西ドイツ	548	686	2,977	4,090	6.6
ベルギー	354	444	716	835	8.5
フランス	2,148	2,663	3,339	4,196	7.9
英　国	1,573	2,205	3,968	4,153	7.8
オランダ	77	101	236	370	2.6
スウェーデン	124	191	411	410	5
ス イ ス	279	585	983	1,012	16

注：この図は，英国を除く全ての国における在留外国人数を示したものであり，この中には，国籍取得者やオランダやフランスの植民地からの移民は含まれていない．英国の統計は，51年，61年，71年に実施された国勢調査に基づくもので，75年は推定．51年と61年の数字は，外国で出生した者に基づき，英国における移民の子供は含まれていない．しかし，71年と75年の数字においては，両親が外国人で，その子供が英国で出生した者は数字に含まれている．
出所：Castles (2003).

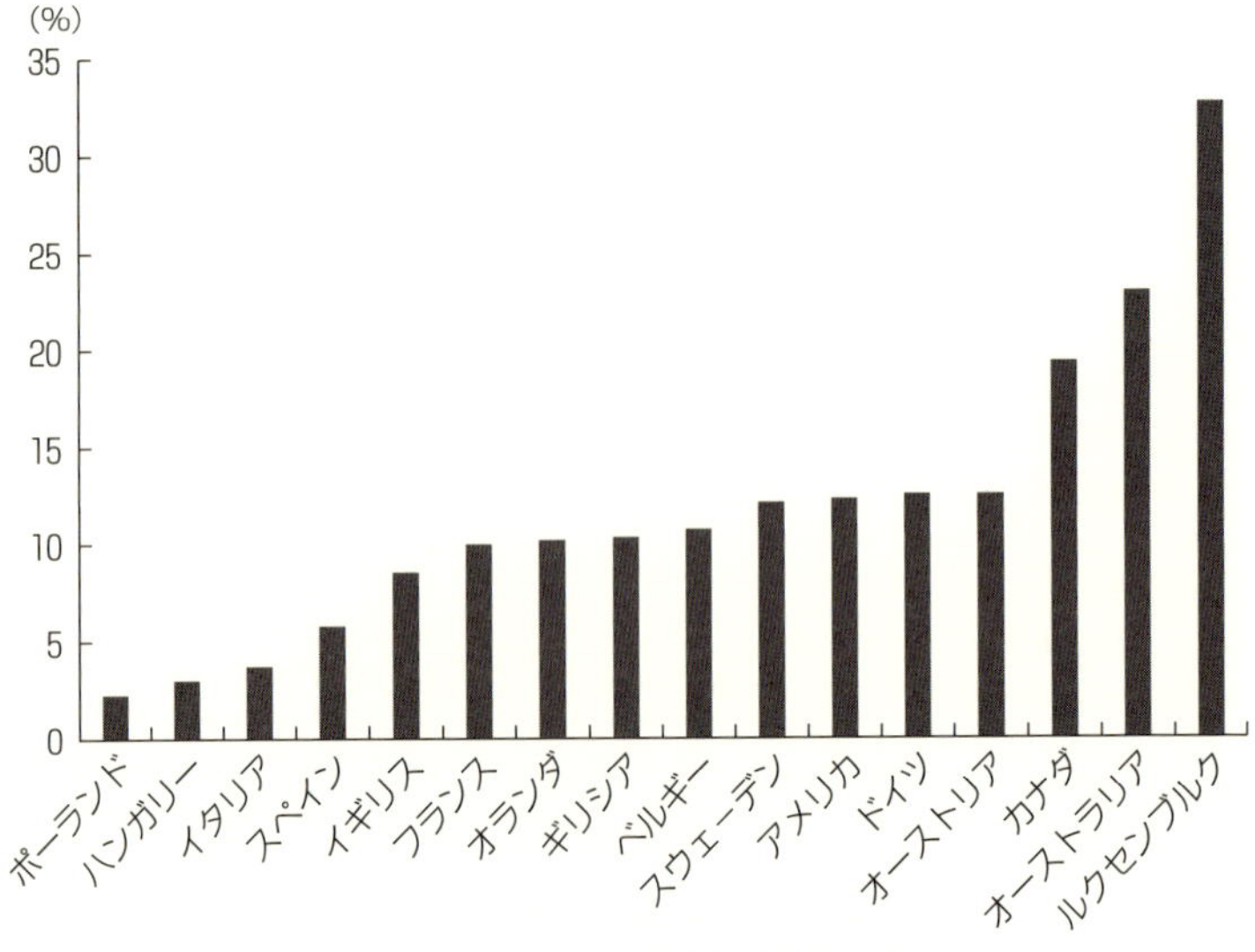

図表1-2　総人口に占める国外出身者の割合（2000年）

出所：OECD 資料.

その多くを低賃金で雇える労働力が存在したヨーロッパ周辺国に依存する傾向が強かったのである。

1　フランスにおける戦後復興と南ヨーロッパ出身の労働者

フランスは一九四五年に南ヨーロッパの労働者の確保を目的に国家移民局（Office National d'immigration: ONI）を創設した。フランス政府は、戦後の労働力不足と出生率の低下を大量の移民とその家族を流入させることにより解消しようとしたのである。また、ＯＮＩは、外国人労働者の仕事の斡旋をも行い、毎年一五万人の日雇い労働者（主にスペインから）の仕事まで面倒を見ていた。フランスは多くの外国人労働者とその家族の受け入れを継続した。そのため、国内に居住する外国人労働者数が一九七〇年には二〇〇万人、その扶養家族も六九万人に達した。

当時、フランスには不法移民や密入国者を処罰する規制がなかったため、多くの外国人労働者は観光目的でフランスに入国し、その後、何らかの職に就いて合法化していたのである。このような方法を用いたのは主に、ポルトガル人やスペイン人に多かった。当時、両国は独裁政権下であったため、独裁者の支配から逃れるため、パスポートも持たずに出国した者が多くいた。ＯＮＩの統計資料によると、一九六八年に労働許可が下りた外国人の八二％が密入国者であった。

2　スイスの経済復興と外国人労働者

一九四五年から一九七四年にかけてスイスは、大量の外国人労働者を受け入れた。彼らの雇用主は、スイス国外から外国人労働者を確保した一方、政府は外国人労働者の採用や居住に関し厳しく統制していた。例えば、日雇い労働者の家族呼び寄せや定住を一九七〇年代半ばまで認めなかった。また、彼らを労働力としては認めたものの、統計上では国内人口数には加えなかった。しかしながら、外国人労働者は、スイスの工業発展に多大な貢献をしており、一九七〇年代初めには全労働力の三分の一を占めていた。その後もスイス経済の発展に伴う、労働力確保の必要性のほかに、イタリアからの外交圧力などによって、日雇い労働者の家族呼び寄せの統制緩和や永住が許可されるようになった。そのため、スイスには多くの外国人移民が定住し、移民によるコミュニティーの形成が進んだのである。

3　ベルギーの産業発展と外国人労働者

ベルギーも第二次世界大戦直後に外国人労働者の受け入れを開始した。その多くはイタリア人であり、彼らの多くは炭鉱、鉱業や鉄鋼業に従事していた。移民受け入れ当初のベルギーにおける移民政策は順調であった。しかしながら、外国人労働者の家族同伴の入国を禁止したにもかかわらず、一九六三年以降、外国人労働者が永住目的で家族を同伴して入国するケースが顕著になった。そのため、工業区域における外国人の割合が急増し、大きな社会問題となった。

4　ドイツにおける外国人労働者の急増

旧西ドイツ政府は一九五〇年代中ごろから海外からのゲストワーカーの受け入れを開始し、地中海沿岸諸国からの雇用斡旋と受け入れ確保の場所としてＯＦＴを創設した。外国人労働者を必要とした企業の雇用主は、ＯＦＴに一定の会費を支払い、その見返りにＯＦＴは外国人労働者を斡旋していた。その際、ＯＦＴは外国人労働者の技能力をチェックするためのテストの実施、健康診断や犯罪歴などの調査を徹底するなどして外国人を選別した。通常外国人は、グループでドイツに連れられ、雇い主は彼らの入国当初の住居を提供することが義務付けられていた。また、外国人労働者の採用、労働条件や社会保障は、外国人労働者の出身国と旧ドイツとの間で締結された二国間協定によって規制された。旧ドイツは最初の協定をイタリアと結び、その後ギリシア、トルコ、モロッコ、ポルトガル、チュニジアやユーゴスラビアとも同様の協定を結んでいる。

旧西ドイツでは、国内産業の急速な発展や大量の非熟練労働者を必要とする生産方式を活用するようになったため、外国人労働者の需要が急上昇した。そのため、外国人労働者数は、一九五六年に九万五〇〇〇人だったのが一九六六年に一三万人、一九七三年には倍増し、二六万人に達した。これらの外国人労働者は主に、縫製工場や家電製品などの製造業界において欠かせない存在であった。

移民の受け入れ当初、旧西ドイツ政府は、外国人労働者は国内の労働力不足を一時的にカバーするものであり、いずれ出身国に帰国するものであると考えられていた。そのため政府は、外国人労働者に対し厳格な対応を行っていた。通常、旧西ドイツに入国し居住するためには、居住権と職業を持っていることが条件であった。また、外国人労働者は、居住期間も制限され、最低限の権利しか与えられず、家族の受け入れも大半は拒否された。しかしながら、その後、正規に採用が認められた外国人労働者が雇用主に対し、彼らの家族の採用を迫るなど移民の家族の呼び寄せと彼らの定住を拒むことが困難となった。さらに、一九六〇年代には、他の先進工業諸国間での外国人移民の受け入れ競争の結果、一九六九年に雇用促進法が制定されたことによって、家族の呼び寄せに関する規制も緩和された。その結果、旧西ドイツには外国人労働者の家族が定住し、移民家族による出産が増加した。このように多くの移民が定住し始めた結果、住宅、教育や保健などの社会コストも大幅に増大する要因となった。移民が増加するなか、一九七三年一一月に旧西ドイツ政府が労働者の国外からの募集を全面的に停止した。その理由は、単なる第一次オイルショックによる経済への影響だけではなく、大きな社会問題の種となる外国人定住者の増加を懸念したためであった。

第2節　旧植民地諸国から旧宗主国への移民

英国、フランス、オランダなどの欧州先進工業国は、戦後の労働力不足解消策の一つとしてヨーロッパ周辺国以外に旧植民地からも移民労働者を積極的に受け入れた。

1 新英連邦諸国から英国への移民

一九四六年から一九五九年の一三年間で、アイルランドから約三五万人の移民が英国に流入している。アイルランド人労働者は主に、工業や建設業において肉体労働者として英国の経済発展に貢献した。また、アイルランド人労働者の家族も永住したケースも多かった。英国に居住するアイルランド人は、投票権も含む市民権を与えられた。旧英国植民地であったカリブ海諸国、インド、パキスタン、アフリカ諸国などの国々が加盟して構成されている新英連邦から英国本土への移民の流入が開始されたのは一九四五年以降であり、一九五〇年代に移民流入のピークを迎えた。多くの新英連邦からの移民は、英国本土での労働需要に応じ、自発的に移住を決断したものであった。しかし、中には英国人に強制的に移住させられた者も含まれていた。新英連邦からの移民の数は、一九五一年に二一万八〇〇〇人だったのが一〇年後の一九六一年には二倍以上の五四万人にまで増加した。しかしながら、一九五八年八月ノッティングヒルで人種暴動が発生するなど、英国本土において外国人労働者への反発が拡大した。このような、英国国民の外国人労働者への嫌悪感の増大や英国経済の停滞などを受け、一九六二年英国政府は、英国連邦移民法を制定するに至った。これにより移民の入国が厳しく制限されるようになり、新英連邦からの移民の流入は事実上停止された。しかしながら、多くの新英連邦からの移民は定住目的で英国に入国しているため、移民の家族再統合は一九七一年に制定された移民法により抑制されるまで継続的に増大した。家族再統合などによる移民数の膨張の結果、新英連邦出身者の数は、一九七一年に一二〇万人になり、一九八一年には一五〇万人にまで上昇した。英国において、多くのカリブ系やアジア系の移民は、英国市民として市民権の恩恵を受けていたが、一九八一年に制定された国籍法により英国市民権の取得要件が厳しくなった。一九六〇年代の英国で黒人やアジア系などのマイノリティーは、外国人としてではなく、むしろ差別の対象となる「インフォーマル集団」として扱われていた。多くの黒人およびアジア系労働者は、隔離された住居地帯に居住を強いられ、工場やサービス業において特別な技能を必要としない肉体労働に従事していた。英国においてアジア系や黒人に対する人種差別は多く存在し、教育や社会における差別は、彼らのステータスや生活環境を変えることを困難にしていた。英国では、一九六五年に人種差別に関する法律が初めて制定された。その後、六八年、七六年、二〇〇〇年に法律が改正され、マイノリティーに対する人種差別対策が進められている。しかしながら、現在も黒人やアジア系に対する人種差別は根強く残存しているのである。

2　フランスにおける旧植民地からの移民の増加

フランスには南ヨーロッパと旧植民地からの移民が多く流入した。旧植民地からの移民の中でも特にマグレブ諸国からの流入が多く、一九七〇年においてフランスには、六〇万人のアルジェリア人、一四万人のモロッコ人、九万人のチュニジア人が居住していた。また、セネガル、マリ、モーリタニアなどからも大勢の黒人移民がフランスに流入しており、その中にはフランスから独立する前に、フランス市民として入国した者も含まれている。さらに、西インド諸島のフランスの海外県であるグアドループやマルチニーク島などから多くの人々がフランス本土に流入している。通常、彼らはフランス市民であるため移民としては扱われないが、海外出身者は一九七二年までに二五万人から三〇万人に膨れ上がっている。フランスの旧植民地からの移民に対する待遇は過酷で、移民労働者は労働市場において通常の労働者に比べて低く見られ、多くの旧植民地出身の移民労働者は最悪の労働条件で搾取されることが多かった。また、彼らの居住地帯は隔離され、劣悪の家に住むことを強いられていた。さらに、アルジェリア戦争を契機に、外国人移民に対する嫌悪感が増長され、フランス全土で移民に対する暴力事件が急増した。特に、極右グループによるヨーロッパ以外の国からの移民に対する人種差別運動は過激であり、一九七三年には三二人のマグレブ出身者が殺害されている。

3　旧植民地からの移民
――オランダのケース――

オランダは、旧植民地から主に二つの大きな移民の流入を経験している。一つは、一九四五年から一九六〇年代初めの約三〇万人に及ぶインドネシア系オランダ人の帰還である。彼らの大半はクリオールと呼ばれる現地生まれのオランダ人と、オランダ人とインドネシア人の混血であった。彼らはオランダ語を話し、オランダの市民権を有していたため移民として差別されることも少なく、オランダ社会に同化している。

一方一九六五年以降、大量の黒人労働者がオランダのカリブ領スリナムからオランダに流入している。これは、一九七五年にスリナムがオランダから独立する際、約一六万人のスリナム人がオランダの市民権を失うことを恐れて移住している。

第3節　一九七三―一九八五年までの移民の歴史
――移民に対する嫌悪感の増大――

一九七三年の第一次石油ショック後、欧州先進国の外国人移民に対する対応が著しく変化した。その主な背景として、①多くの外国人移民を受け入れていた欧州先進国の経済が停滞し、失業者の増大やインフレの波が押し寄せて深刻な問題を抱えた、②ヨーロッパのベビーブーム期に生まれた子供が成人して労働市場に参入するようになり、労働力不足が解消された、③欧州先進国の経済に占める第二次産業の割合が減少し、サービス業を中心とした第三次産業が大きなウェートを占めるようになり、工場等で働く非熟練労働者の需要が相対的に低くなった、などがあげられる。そのため、欧州先進国は、労働を目的にした移民の受け入れを制限し、移民労働者の雇用を抑制し、移民に対し国境を閉鎖するなど厳しい移民流入規制を採るようになった。こうした問題が表面化した結果、フランスでは、一九八〇年以降、外国人移民の失業率が高くなり、特に、欧州圏外出身の外国人移民は約三〇％にまで達した。

ところで、欧州先進国は、戦後の労働力不足時に受け入れたゲストワーカーに対し出身国に戻るよう促したが政府の思案とは裏腹に、大半の移民は出身国に戻ろうとせず定住を選択するようになったのである。さらに、一九六〇年代から移民の家族の呼寄せに関する規制が緩和されたため、多くの移民の家族が継続して欧州先進諸国に流入した。こうしたことに加え、移民の高出産率も重なり、移民の数は大幅に増加してしまったのである。移民の家族呼び寄せは、移民総数を増大させただけでなく、公共サービスや移民の受け入れ国への社会統合にかかる様々なコストなど公共コストも増加させた。このことは、外国人移民の受け入れを消極的にさせる大きな要因の一つになっている。また、家族呼び寄せや人口動向の結果、移民の二世問題が大きな社会問題として取り扱われるようになった。

一九七三年以降、多くのイタリア人やスペイン人労働者が出身国に帰国した。その結果、欧州先進国の総移民に占める欧州外からの移民の割合が増加したのである。欧州外出身の移民はイタリア

図表1-3　欧州における移民の推移（1980～1999年）

国　名	1980	1985	1990	1995	1999	99年の人口に占める割合(%)
オーストリア	283	272	423	724	748	10[1]
ベルギー	—	845	905	910	900	8
デンマーク	102	117	161	223	259	4.9
フランス	3,714[2]	—	3,597	—	3,263	5.6[3]
ドイツ	4,453	4,379	5,242	7,714	7,344	8.9
アイルランド	—	79	80	94	126	3.3[4]
イタリア	299	423	781	991	1,520	2.6[5]
ルクセンブルグ	94	98	—	138	159	36.6
オランダ	521	553	692	757	651	4.1
ノルウェー	83	102	143	161	179	4
ポルトガル	—	—	108	168	191	2
スペイン	—	242	279	500	801	2.9
スウェーデン	422	389	484	532	487	5.5
スイス	893	940	1,100	1,331	1,440	19.2
英国	—	1,731	1,875	2,060	2,208	3.8

注：国内における外国人数のため，国籍取得者は除外されている．1980-1990のドイツの数字は旧西ドイツのもの．[1]1998年の数字，[2]1982年の数字，[3]フランスの大都市のみ，[4]2000年4月の数字，[5]2000年12月の数字．

出所：OECD, Castles (2003).

やスペイン人など欧州出身の移民に比べ、受け入れ国の社会への順応性が乏しいといえる。また、受け入れ国の社会への同化というよりは、むしろ彼ら自身で自らのコミュニティーを形成するようになり、受け入れ国の国民との距離が拡大した。さらに、同化を拒む移民の増加にともない、受け入れ国の国民は外国人に対する敵意や拒絶反応を示すようになった。こうした点が受け入れ国民と移民との対立を促す要因になったのである。

第4節　一九八五年以降の移民の歴史

一九八〇年代半ば、欧州経済は長い不景気の時期を脱し、景気が回復したため、一九八五年から一九九三年にかけて移民の流入が再び増加した。また、ベルリンの壁や旧ソビエト連邦の崩壊は、東側から西側への人の移動を容易にしたのである。一九九〇年から一九九七年の間に、中・東欧から西欧への移民数は、同時期に流入した総移民の半分を占める二四〇万人に達した（うち一八〇万人は旧ソビエト連邦国出身者）。さらに、一九八九年以降難民が急増し、先進国諸国に保護を求める件数が一九八〇年に僅か一八万件だったのが、一九八九年には三倍以上の五七万件にまで増えている。例えば、一九八九―一九九〇年にかけてドイツはポーランド、ルーマニアおよび旧ソ連からドイツ系移民を六二万人難民として受け入れている。また、ドイツはイスラエルと難民に関する二国間協定を結んでいることから、多くのユダヤ人を難民として受け入れている。ドイツは、東欧諸国とも労働者受け入れに関する二国間協定を締結し、毎年二〇万から三〇万人の臨時雇い労働者を受け入れている。その後、一九九一年から一九九三年にボスニアやクロアチアにおける紛争が勃発するなど、一九九〇年代初めに難民が急増した。

図表1－4は、一九九〇年から二〇〇三年のＯＥＣＤ諸国への亡命者の申請数を示したものである。これによると、一九九〇年代初めにおけるドイツへの亡命申請が顕著であったことがわかる。ちなみに、欧州において難民申請が最も多い国は、英国であり、次いでドイツ、フランスと続いている。

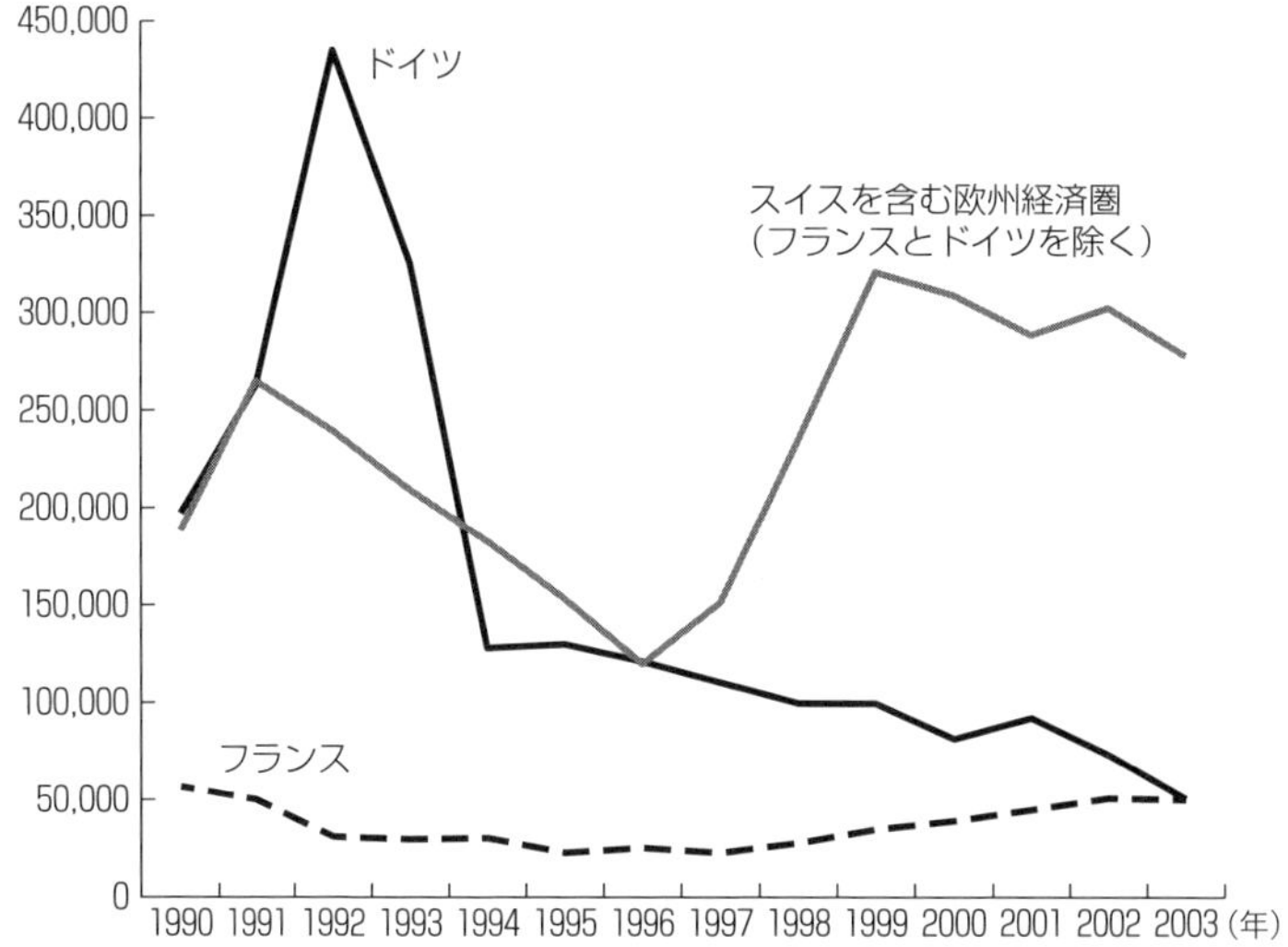

図表1-4　欧州における亡命申請者数の推移（1990～2003年）

出所：IMO, OECD.

一九九〇年代初めに欧州経済が不況に陥ると、多くの欧州先進諸国において失業が深刻な問題となった。そのような状況下、移民は受け入れ国の国民の仕事を奪うという懸念が広まり、移民に対する差別や外国人に対し嫌悪感を持つ国民が増加した。また、フランスなどでは移民排他を掲げる極右政党が国民の支持を集めるようになった。

ところで、欧州連合（EU）統計局によると、二〇一五年の欧州連合（EU）加盟国（二八カ国）での難民申請者数が過去最高の一二五万五六四〇人に及んだ。前年の五六万二六八〇人の二・二倍以上で、出身国はシリアが約三六万三〇〇〇人と最も多く、全体の二九％を占めた。

出身国の内訳はそのほかアフガニスタン約一七万八〇〇〇人（全体の一四％）、イラク約一二万二〇〇〇人（同一〇％）、一位のシリアは前年からほぼ倍増した。難民申請の相手国はドイツが約四四万二〇〇〇人（同三五％）と最多で、ハンガリー約一七万四〇〇〇人（同一四％）、スウェーデン約一五万六〇〇〇人（同一二％）と続いた。人口比では、ハンガリーが人口一〇〇万人当たり約一万八〇〇〇人となり、最も多かった。

第5節　欧州連合（ＥＵ）主要国における移民の推移

欧州は世界の総移民の三六％を占めており、二〇〇五年に欧州連合（ＥＵ）一五カ国には約一九〇〇万人の移民が登録されている。また、欧州で最も多く正規移民を受け入れているのはドイツの七三一万人であり、次いで、スペインの四〇〇万人となっている。

1　ドイツ

ドイツは欧州連合（ＥＵ）圏で最も多くの外国人移民を受け入れており、現在、全人口の九％に相当する七三一万人の正規移民が登録されている。そのうちトルコ系移民が全体の約二五％を占めて最も多く、次いで、旧ユーゴスラビア系の八％と続いている。このようにドイツにおいて移民が増大した要因は、前述したように、一九六〇年代に大量に流入した移民であり、その多くは現在もドイツに居住している。

一九七三年における国内の経済危機以降、労働を目的とする移民に対する入国の規制を強化した。しかしながら、ドイツにおける移民人口は減少どころか、逆に増加傾向にある。その主な理由は、①労働以外の目的で入国した者の増加（家族再統合や難民）②トルコと欧州連合（ＥＵ）間で結ばれた協定、③ベルリンの壁の崩壊で多くのドイツ系移民が帰郷したなど、があげられる。

ドイツは原則として、労働を目的とする移民の受け入れを認めていない。しかしながら、現在、少子高齢化が進んでいることから、現実には、国民の生活水準を長期的に維持するためには労働市場の動向に適した外国人の受け入れが必要となっている。そのため、高い技能や知識を有する外国人移民に対しては、優遇した政策を採るようになっている。さらに、ドイツは他の欧州連合（ＥＵ）諸国同様に外国人移民、特に移民の二世の社会統合や失業問題

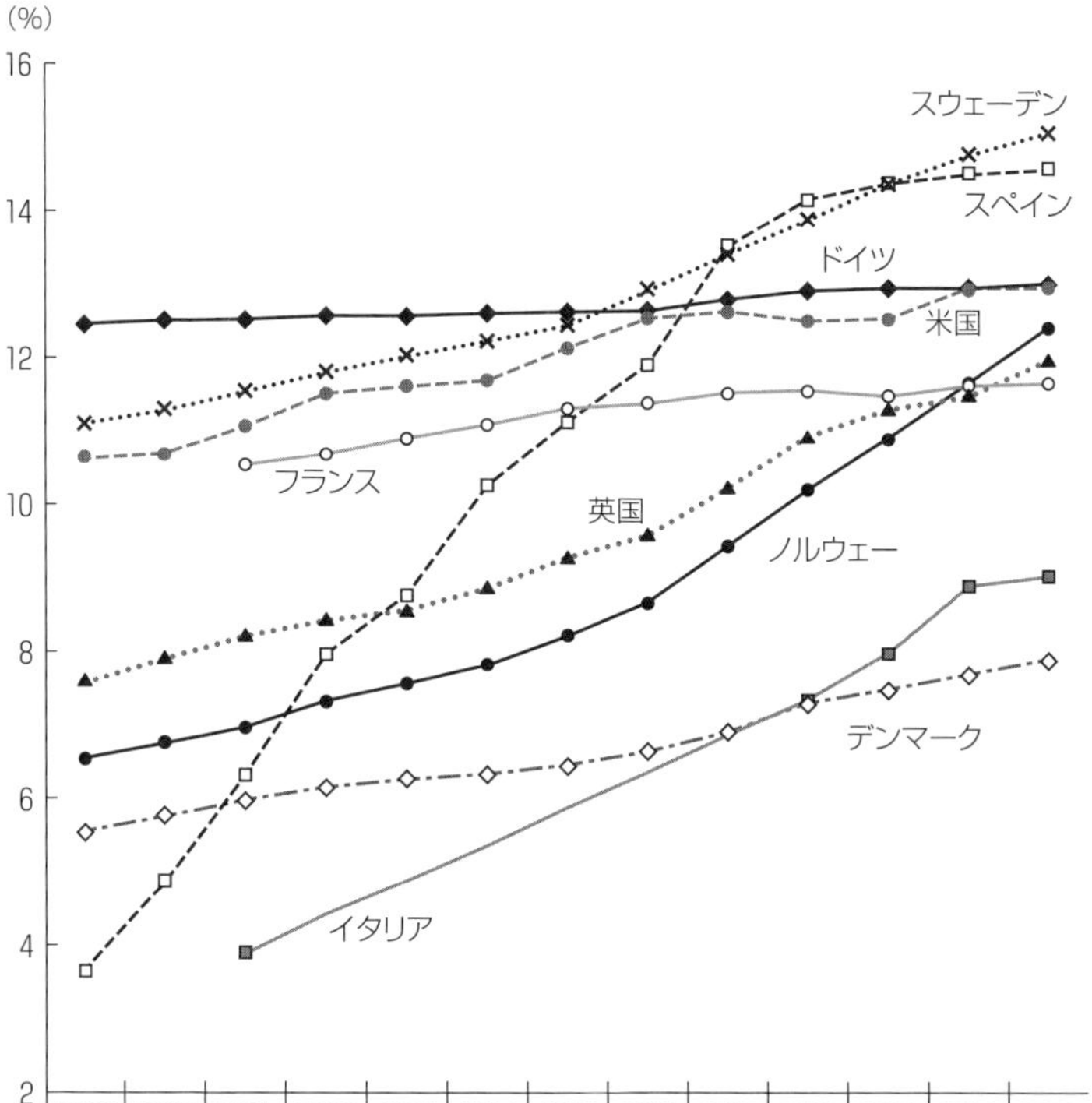

	1999	2000	2001	2002	2003	2004	2005	2006	2007	2008	2009	2010	2011
ドイツ	12.4	12.5					12.6	12.7	12.8	12.9	12.9	13.0	13.1
フランス			10.5	10.7	10.9	11.1	11.3	11.4	11.5	11.6	11.5	11.6	11.6
英国	7.6	7.9	8.2	8.4	8.6	8.9	9.4	9.6	10.3	11.0	11.3	11.5	12.0
イタリア			3.9							7.4	8.0	8.9	9.0
スウェーデン	11.1	11.3	11.6	11.8	12.0	12.2	12.5	12.9	13.4	13.9	14.4	14.8	15.1
米国	10.6	10.7	11.1	11.5	11.6	11.7	12.1	12.6	12.6	12.5	12.5	12.9	13.0
スペイン	3.7	4.9	6.4	8.0	8.8	10.3	11.1	11.9	13.5	14.2	14.4	14.5	14.6
ノルウェー	6.6	6.8	7.0	7.4	7.6	7.9	8.2	8.7	9.5	10.3	10.9	11.6	12.4
デンマーク	5.6	5.8	6.0	6.2	6.3	6.4	6.5	6.6	6.9	7.3	7.5	7.7	7.9

図表1-5　主要国の移民人口の推移

注：外国生まれの人口の比率.

出所：OECD, International Migration Outlook 2013（1999年，2000年データは同2010年，2012年）.

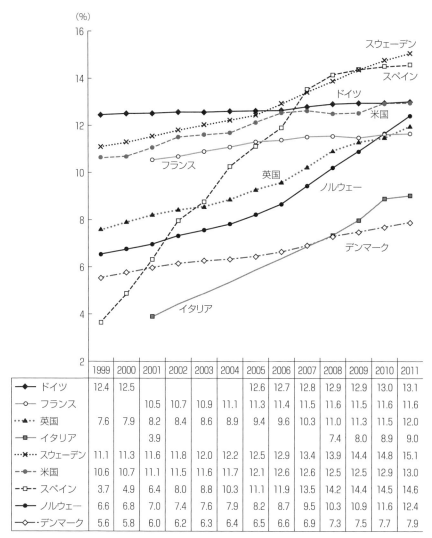

図表1-6　ドイツにおける移民の推移

（単位：千人）

国　名	1980	1990	1995	2003
トルコ	1,462	1,695	2,014	1,878
旧ユーゴ	632	662	798	568
イタリア	618	552	586	—
ギリシア	298	320	360	—
ポーランド	—	242	277	—
クロアチア	—	—	185	236
ボスニア・ヘルツェゴビナ	—	—	316	167
スペイン	180	136	132	—
中　国	—	—	33	77
ウクライナ	—	—	30	126
ルーマニア	—	—	109	89
イラク	—	—	17	84
イラン	—	—	107	82
合　計	4,453	5,343	7,174	7,335

出所：OECD, Statistisches Bundesamt 2004.

が大きな課題となっている。

ドイツ国内におけるトルコ系移民やその子孫は、国の人口八二〇〇万人のうち一五七〇万人を占め、イスラム教徒人口は推定四〇〇万人と言われている。

ドイツ政府は国籍取得条件を緩和するなどしてドイツ社会に同化させようとしてきたが、すでにベルリンやフランクフルトなどの都市ではトルコ人地区が形成されている。これまでも、トルコ系移民が第二、第三世代になってもドイツ語能力が向上しない現状やイスラム原理主義との関係などが、しばしば議論されてきた。

移民をドイツ社会にどう溶け込ませるか。主要議題は移民政策である。「二重社会」といえば二十数年前には東西の亀裂を指したが、今では移民とドイツ社会の断層を意味する。一九八〇年代は移民の過半数が非熟練労働に従事していた。「鉄のカーテン」が崩壊し、ドイツ企業が安価な労働力を求めて生産拠点を中・東欧に移した結果、職場が消えた。納税者は失職した移民が税金で支えられる手厚い社会保障制度に寄りかかっていると批判している。

二〇一〇年一〇月、ドイツの政権与党で保守政党のキリスト教民主・社会同盟（CDU CSU）青年組織の大会で、メルケル首相が「多文化社会の試みは失敗した」と明言し、移民に対しドイツ語能力の向上などドイツ社会への一層の同化を求めた。

ところで、二〇一五年に入ってイラク・シリア内戦の激化に伴うシリアからの難民・移民が増加し、同年末までにドイツ国内に流入した難民・移民数は前年比の五倍以上の一一〇万人に達した。ギリシャやイタリアに流入している難民・移民の分担受け入れも進まないうえ、トルコに支援を求めるものの、日量の難民・移民流入数は変わっていない。

こうした深刻な問題を抱えているドイツ国内では急速に反移民政策および反難民感情が高まっている。特に、パリの同時多発テロ事件やケルンでのイスラム系移民や難民による暴行事件などを受けて、西欧の「イスラム化に反対する欧州愛国主義者」（PEGIDA）が主催した抗議デモに約一万人が参加し、パリ同時多発テロを文化や価値観の異なる移民を受け入れている結果であると、現在の政府の移民政策を厳しく非難した。

ドイツ内務省によると、二〇一五年一月—六月までの難民キャンプへの襲撃件数は二〇二件に及び、前年一年間に起きた襲撃件数の一九八件を上回った。また、パリのテロ発生後、EU懐疑派で反移民政策を掲げる右派政党「ドイツのための選択肢（AfD）」に対する支持率も、二〇一三年の四・七％から一〇％以上に上昇している。

PEW調査センターが実施した、主要なヨーロッパ人のイスラム教徒に対する好感度調査によると、ドイツ人全体の三三％が不信を抱いていると回答している。ちなみに、フランス人は二七％、イタリア人は六三％、ギリシャは五三％、スペインは四六％、英国は二六％、ポーランドは五〇％、と同様に不信を抱いているという。

またFORSA社が実施したアンケート調査によると、ドイツ国民の一三％は近くでは反移民運動のデモや活動に参加すると回答している。

図表1-7　フランスにおける外国人と移民の人口（2012年度）

外国人（3,863,247人）	移民（5,600,256人）
フランスで生まれた外国人（550,000人）	フランス国籍を取得した移民（1,560,000人）
	フランス国籍を取得していない移民（4,040,000人）

出所：国立統計経済研究所（INSEE）.

2　フランス

図表1－7は、フランスにおける「移民（Immigres）」と「外国人（Etrangers）」の定義を示したものである。これによると、二〇一二年現在、フランス本国には、全人口の約八％に匹敵する五六〇万人（うち男性が二七四万人、女性が二八六万人）の移民が登録されており、そのうち一五六万人がフランス国籍を取得している。またフランスで出生した外国人約五五万人を含む三八六万人の外国人が登録されている。

フランスにおける移民とは、フランス国内に居住している、フランス以外の国で出生した外国人を指している。また、外国人でフランス国籍を取得した者も移民として扱われる。つまり、フランスでは「出生地主義」を採用していることから、国内で出生すれば両親が外国籍でも、自動的にフランス国籍が取得でき、さらに外国出身者でも五年間のフランスにおける滞在歴があれば通常は移民として認定される。しかしながら、仮にフランスで出生しても、両親が外国人の子供は、両親がフランスで出生していない場合は、国籍を取得できても外国人として扱われ、外国人がフランス国籍を取得しても、統計上では、移民として登録されるのである。

フランスで出生し、国籍を取得する場合には、フランスにおける居住状況が大きな判断基準となる。また、多くの生粋なフランス国民は外見を重視していることから、フランスで生まれた二世や三世であっても、パリの郊外など悲惨な状況下で生活している黒人、アラブ人、（日本人も含む）アジア人など明らかに生粋な白人フランス人とかけ離れた者（d'apparence non francaise）は、フランス人として扱われないのである。そのため、多くのフランス国民は、白人以外のフランス人が増加した場合、移民が増加したと受け止めるのである。したがって、仮にフランス国籍を取得しても、肌の色の違いから、生粋のフランス人と同等の権利を得ることは一生できないのである。

二〇〇二年の大統領選挙において、移民排他を掲げる極右政党のルペン党首が社会党のジョスパン氏を破りシラク大統領との決選投票にまで持ち込む波乱が生じた。ルペン党首は、国内で大きな問題となっていた治安問題や失業率の悪化の原因の矛先を移民に向けることで大きな支持を集めることに成功した。政府はこうした国民の要望に対し、二〇〇三年に不法労働の取締りの強化に重点を置いたサルコジ法を制定した。サルコジ内相（当時）は、移民の取締りを強化することにより、移民への反感を持っている多くの国民から強い支持を受けるようになった。また、ルペン氏の躍進によりフランス国内におけるマイノリティーへの偏見が増長し、メディアなどでも黒人やアラブ系住民は、犯罪人同様に扱われるなど、移民への悪いイメージが先行する傾向が強くなった。例えば、二〇〇四年七月、若い白人女性がパリ郊外行きの列車の中でアラブ系と黒人の若者に暴行されたと訴え、大きな社会問題にまで発展した。この事件を大統領や内務省は重く受けとめ、そのような行為は極めて遺憾なことで、許し難いことであると非難した。ル・フィガロ、ル・ムンドやリベラシオン紙などのマスコミもこの事件を一面で大きく取り上げてアラブ系と黒人を強く非難した。しかしながら、この事件の捜査を始めてから四日後、白人女性のでっち上げであることが明らかになったが、多くのフランス国民がアラブ系や黒人などのマイノリティーに対し大きな偏見を持っていることがわかる。また、フランスではマイノリティーに対する人種差別も顕著であり、このこともマイノリティーと白人との対立を拡大させる原因となっている。さらに、欧州最大のイスラム人口を抱えるフランスでは、米国の9・11テロ事件以降、フランス社会でイスラム教徒への不信感が増大している。そのことも、フランスの移民同化政策の大きな妨げとなっている。

また、フランスでは二〇〇四年に公立の小・中・高校内において、イスラム教徒の女子生徒に対し、スカーフやイスラム特有の衣装の着用を禁止する法令を施行した。これは、教育の政教分離政策に反するものとして決定されたものである。ちなみに、イスラム教の女性が頭にベールをかぶらないということは、イスラム教の教えに反することなので反響は極めて大きいといえる。このような状況下において二〇〇五年一〇月末にパリ郊外で、移民が多く居住している地域において暴動が三週間続き、一時、非常事態宣言が出されるまでに至った。この事件は外国のメディアでも連日大きく取り上げられたが、いままで世界に与えていたフランスの同化政策の成功というのは幻想であり、フランス国内にも深刻な移民問題が存在していることを浮き彫りにした。世界から注目を浴びた暴動後も、フランスの人種差別や貧困問題は一向に改善されていない。

3　南ヨーロッパ

南ヨーロッパ諸国は一九七三年まで移民の流出国であった。しかしながら、フランス、英国やドイツなど従来の受け入れ国において移民の流入が制限されたことや南ヨーロッパ諸国の経済成長にともなう労働力不足などから、南ヨーロッパ（イタリア、スペイン、ポルトガルおよびギリシャ）に移民が流入するようになった。現在、南ヨーロッパには農業、建設業や家政婦などに従事する未熟練労働者が増加している。中でもイタリアやスペインにおいてその傾向が顕著である。

4　イタリア

一九八四年からイタリアへの移民の流入が急増し始めた。しかしながら、国内が経済危機に見舞われ国内に多くの移民を受け入れるだけの余裕がなくなり、移民の流入を制限しなければならなかった。また、世論も受け入れ当初は移民に寛容的だったが、次第にそれが耐え難い存在となり、差別の対象にもなるようになった。このような状況を受け、一九八六年にイタリア政府は労働を目的に入国を希望する外国人移民や不法移民を抑制するための法律を制定した。しかしながら、一九九〇年から一九九六年にかけてコソボ紛争が勃発したためバルカン諸国や東欧から再び多くの移民が流入した。この時期に、イタリア国内では汚職事件による政治危機が発生し、移民に敵意を持つ新しい政党などが誕生している。イタリアはその後、一九九〇年、一九九八年、二〇〇二年に移民法を改正している。

図表1－8はイタリアにおける移民流入の推移を示したものである。一九八六年から二〇〇二年にかけて継続的に増加を記録し、二〇〇三年にイタリアには総人口の四・二％に相当する二六〇万人の外国人正規移民が登録されている。多くの外国人移民は経済的な理由でイタリアに居住しており、他の移民受け入れ国に比べ家族再統合の割合が労働条件や住宅問題などのため少ない。

また、イタリアに居住する外国人移民の出身国は非常に多様であり、ルーマニア人が最も多く、外国人移民の総数の一〇・九％を占めている。次いで、アルバニア人（一〇・六％）、モロッコ（一〇・四％）、ウクライナ（五・一％）、中国（四・六％）、フィリピン（三・四％）、ポーランド（三％）、チュニジア（二・八％）、米国（二・二％）、セネガル（二・二％）と、続いている。このように外国人移民数の上位一〇カ国でわずか総数の半分にしか満たず、いかに多くの国からイタリアに入国しているかがわかる。

図表1-8　イタリアにおける移民の推移
（各年の12月31日の数）

年	合　計	EU圏外
1986	327.037	..
1989	433.618	..
1990	533.450	..
1991	533.450	..
1992	537.062	..
1993	629.165	..
1994	685.469	..
1995	737.793	..
1996	884.555	..
1997	991.678	..
1998	1.116.394	..
1999	1.270.553	1.033.235
2000	1.464.589	1.251.994
2001	1.448.000	1.388.153
2002	2.469.324	1.362.630
2003	2.598.223	2.444.754

出所：Ankica Kosic (2005).

ところで、イタリアにおいても9・11テロ事件後、国際テロに対する警戒が強化されている。特に、不法入国者がテロリストとの関連の可能性が高いということから、不法移民の取締まりが厳しくなっている。また、国内における移民の増加、特にイスラム教徒の増加（イタリアに居住する移民の三三％がイスラム教徒で占められている）により、カトリック信者が多い国内ではイタリアのアイデンティティーの危機という懸念が高まっている。例えば、イタリア北部のトリノ近郊の町アレッサンドリアでは町のモスクが閉鎖されたり、他の地区でも反イスラム運動が展開されるようになった。さらに、アルバニア人による犯罪の増加やモロッコ人による麻薬の密輸入問題など、外国人移民による犯罪が増加している。そのため、移民に対する嫌悪感を持つ国民が増え、〝マロクチーノ（Marocchino）〟（主にセネガル人やイラン人などの欧州連合（EU）圏外からの移民を指す軽蔑用語）、〝ネグロ（Negro）〟（黒人に対する軽蔑用語）といった外国人を差別する用語が頻繁に使用されるなど移民に対する差別が広がっている。

5　スペイン

スペインは伝統的に移民の流出国であった。しかしながら、一九九〇年代に移民の流入が増加、二〇〇〇年代に入りその傾向は加速され現在では欧州連合（EU）圏で最も移民を受け入れている国の一つとなっている。外国人移民がスペインの総人口に占める割合は一九九〇年代には一％にも満たなかったが、現在は約一〇％を占めるまでに至っている。また、二〇〇〇年から二〇〇五年の間に外国人移民数は九二万人から三七〇万人にまで上昇している。さらに、過去一〇年間にスペインに流入した移民数は、欧州連合（EU）圏で最も多く、全体の約三割以上占めている。

図表1－9スペインに居住する外国人移民数（国籍別）を示したものである。これによると、モロッコ人が最も多く（五一万人）、エクアドル人（四九万人）、ルーマニア人（三一万人）がそれに続いている。スペインにおける外国人移民の主な特徴は、①旧植民地であった南アメリカからの移民が多い、②気候のいいスペイン南部へ老後を過ごす外国人が多い（特に、英国人やドイツ人）、③歴史的にイスラム教徒との関係が強い、④地理的にアフリカ諸国に近いためスペインへの流入（特に、密入国者）が増加しているなどである。

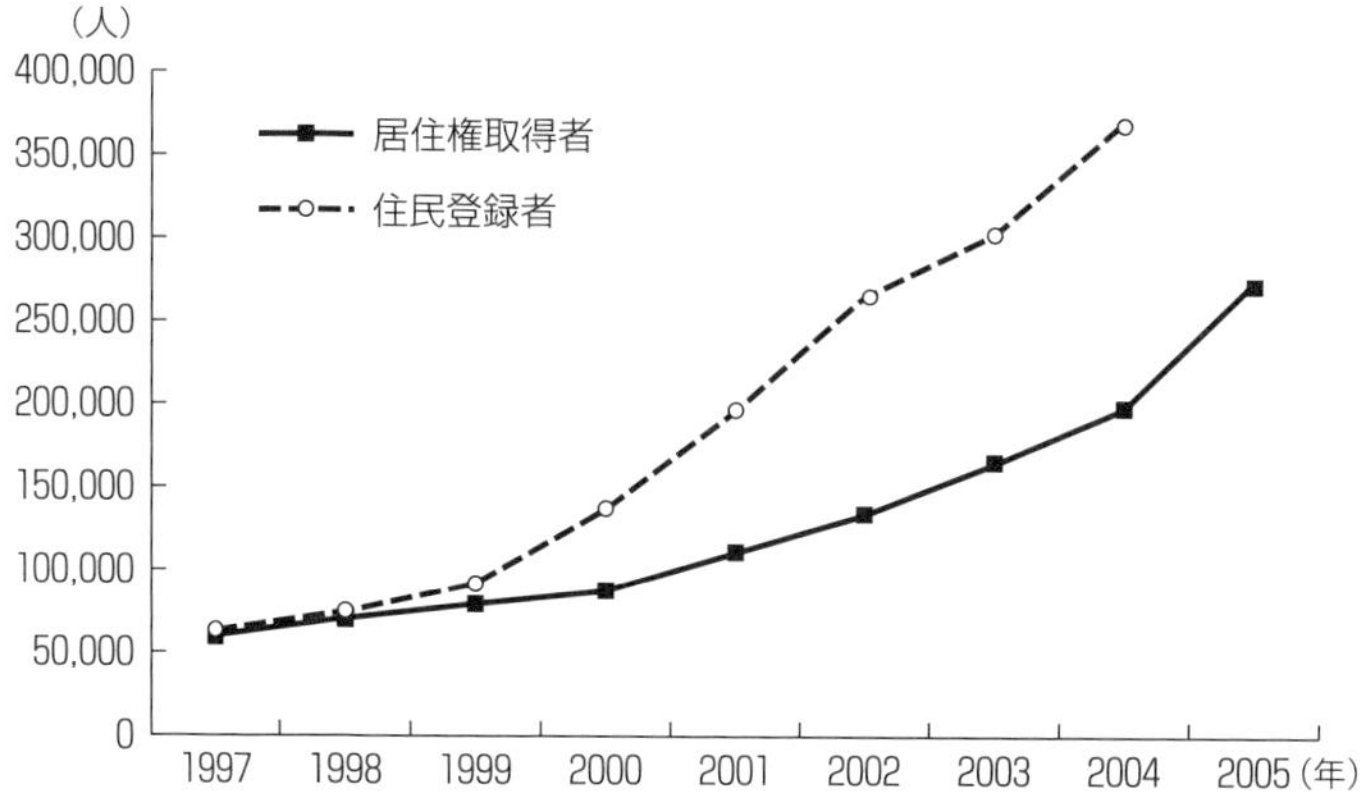

図表1-9　スペインにおける外国人在留者

出所：スペイン国家統計委員会.

6　英国

英国における外国生まれの移民人口は総人口の七・九％（四六〇万人）、現在英国には五四種の民族が存在する多民族国家となっている。英国の移民政策はそれぞれ異なった民族や人種がそれぞれの特性を尊重し合うことを基本にした多文化主義を採っている。しかしながら、その政策は、各民族の孤立や対立を促す原因となり、二〇〇一年七月には人種差別や失業問題を抱えるパキスタン系が多く居住する英国北部のブラッドフォードで白人との対立が暴動にまで発展している。

　また、9・11テロ以降、英国は米国を支持しアフガニスタンやイラクに兵を送っている。その結果、英国はテロの標的となり、二〇〇五年七月、ロンドンにおいて地下鉄同時爆破テロ事件が発生した。これにより国内におけるイスラム教徒への不信感や差別が増大し、国内の移民対策や警備も強化され厳重体制が敷かれるようになった。近年は「イスラム国（ＩＳ）」のテロリストによるテロ未遂事件が頻繁に起こるなど依然として緊迫した情勢が続いている。

　さらに、現在ではストロー元外相のイスラム教徒のベールに関する発言が大きな政治問題になるなど、英国社会におけるイスラム問題は深刻化しているのである。今日、多くの英国人は「移民が多すぎる」、「移民対策をもっと強化すべきだ」と考えるようになっており、

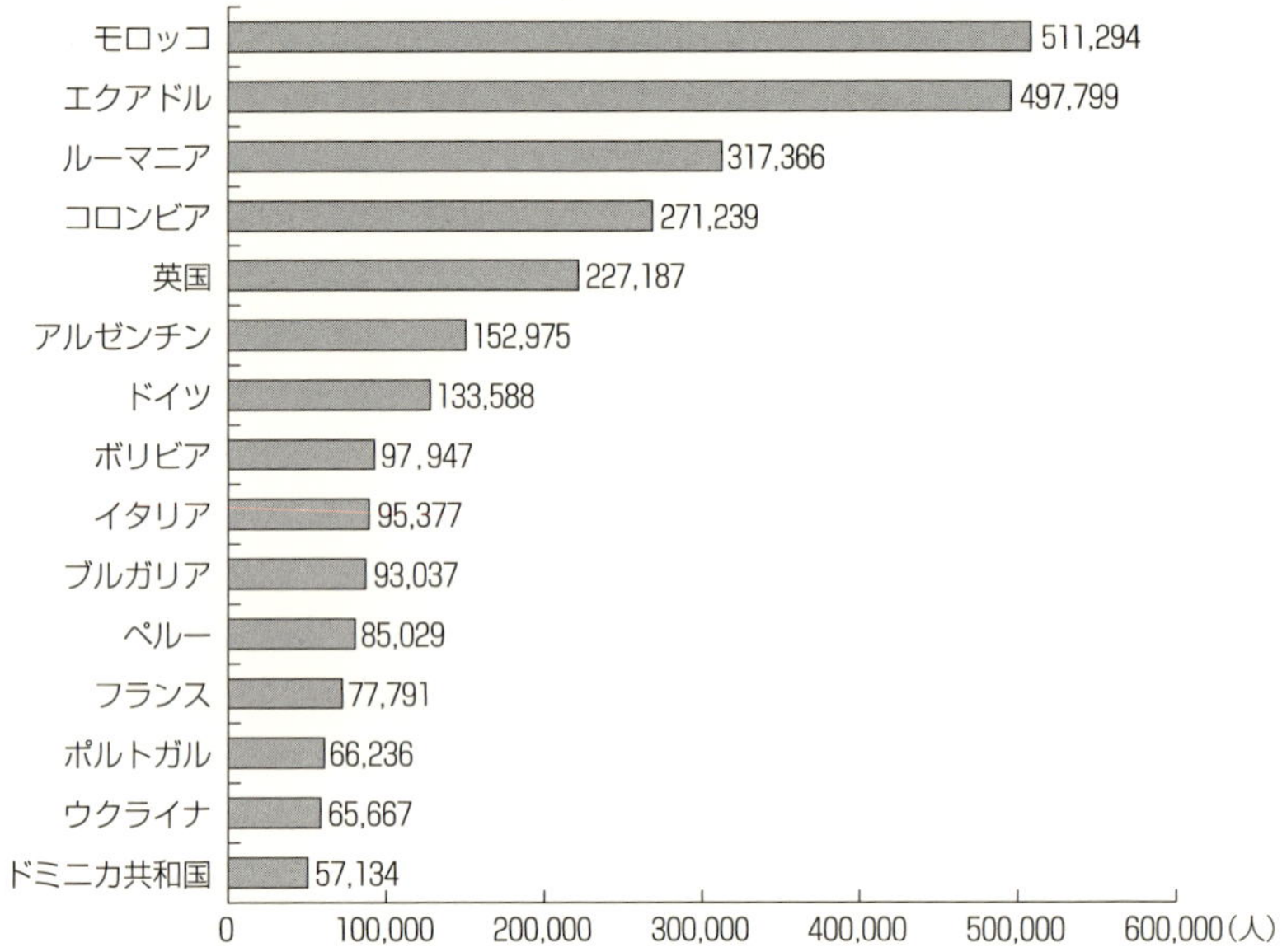

図表1-10　スペインにおける出身国別の移民数（2005年1月1日現在）

出所：スペイン国家統計委員会.

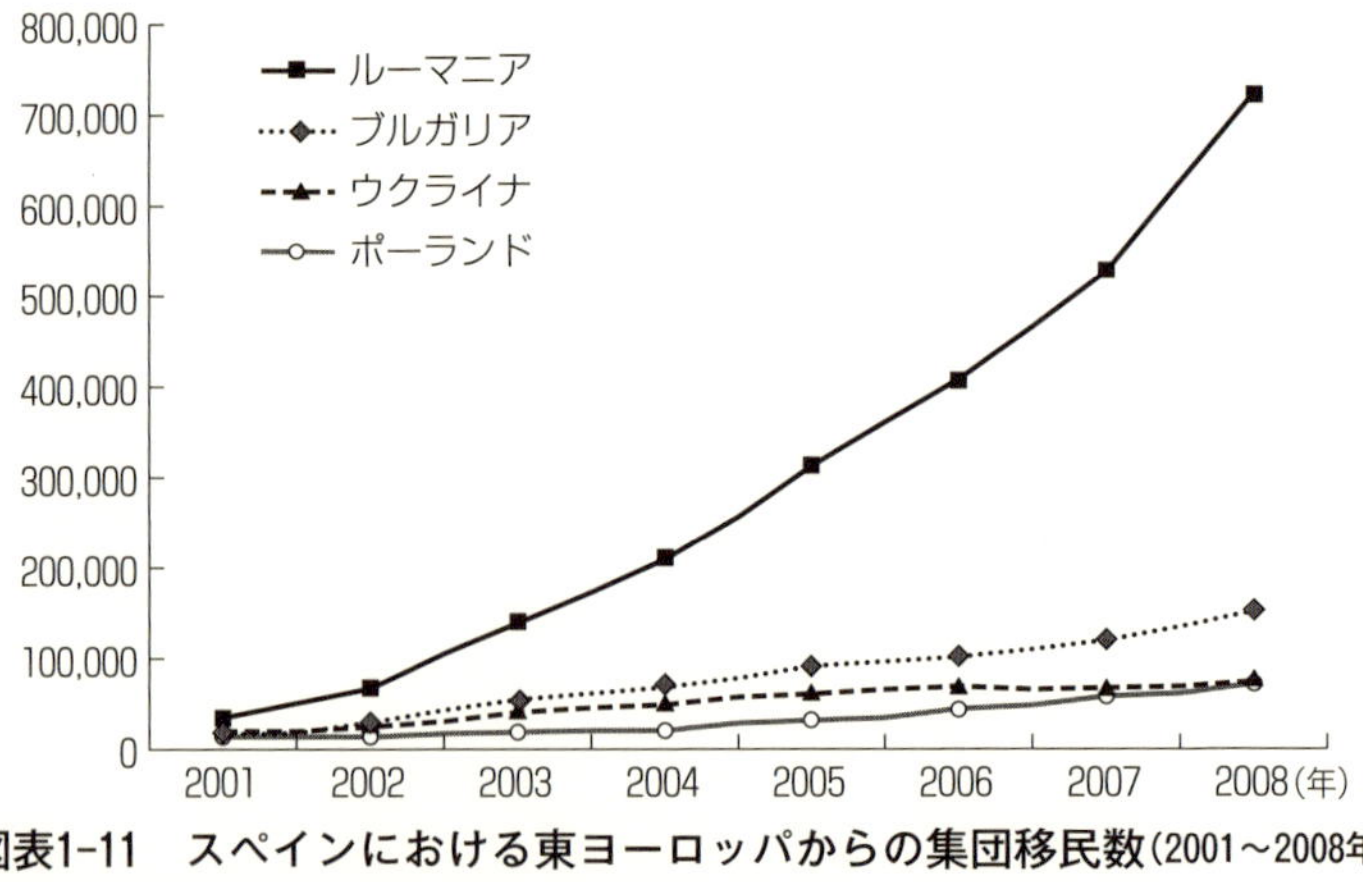

図表1-11　スペインにおける東ヨーロッパからの集団移民数（2001～2008年）

出所：Evolución del porcentaje de población extranjera.

移民の受け入れに消極的な国民が増加している。また、人種差別による暴力事件も増大し、イスラム教徒が被害者になるケースが特に多くなっている。

第2章

移民労働者受け入れによる経済効果

第1節　欧州連合（EU）における少子・高齢化問題

現在、欧州連合（EU）においてもわが国同様に少子化問題が深刻化している。そして外国からの移民を積極的に受け入れ、彼らの高い出生率に頼らなければ欧州連合（EU）加盟二八カ国の人口は、現在の五億八一九万人（二〇一五年九月現在）から二〇五〇年には、四億人以下にまで減少すると予測されている。一方、医学の発展などによって寿命が延びていることから高齢化が進むことが予測され、それに伴う社会保障費が増大すると考えられている。

国連によると、一九九五年の一五―六四歳および六五歳以上の人口構成比率を維持するため、一九九五年から二〇五〇年の間にヨーロッパ全体で一億四〇〇〇万の移民を受け入れる必要があると報告されている。また、欧州連合（EU）委員会がまとめた「ヨーロッパにおける人口構成の変化に関する報告書」（二〇〇五年版）によると、二〇〇三年の女性の生涯に出産する子供の数は、現在の人口構成を維持するために必要な二・一よりもかなり低い一・四八である。仮に、その数字で推移した場合、二〇三〇年には、現在よりも子供や若者の数が一八〇〇万人減少すると予測されている。

図表2-1　世界人口の推移

（単位：百万人）

	2003年	2025年[a]
世界	6,314	7,907
先進国	1,202	1,260
発展途上国	5,112	6,647
アフリカ	861	1,289
北米	323	387
南米・カリブ	540	690
オセアニア	32	42
アジア	3,830	4,776
欧州	727	722

注[a]：国連の人口推定より.

出所：Population Reference Bureau (2003), World Population Data Sheet.

さらに、労働人口（一五歳―六五歳）一人で非労働人口（六五歳以上）二人分の社会保障費を補う必要がある。こうした費用を補い、若年層の移民を多く受け入れ、高齢化の進行を防ぐべきであるという意見がある。

このように移民は、人口構成の問題や高齢化に伴う社会保障費の増大を軽減させるだけではなく、少子化に伴う労働力不足の解消および消費や貯蓄の増大に大きく貢献すると考えられている。

1　世界人口の推移

現在の世界人口は約六三億人であり、そのうち八一％は発展途上国に居住している。大陸別の人口分布を見ると、人口が最も集中しているのはアジア地域であり、世界人口の六一％を占めている。次いで、アメリカ大陸の一三・七％、アフリカ大陸の一三・六％、ヨーロッパの一一・五％と続いている。逆に、最も人口が少ないのは、オセアニアの〇・五一％である。

図表2-1は国連による世界人口の推移を示したものである。これによる、現在のペースで人口増加が推移した場合、二〇二五年の世界人口は、二五・二％増（先進国において四％、発展途上国において三〇％）の七九億人になると予測されている。つまり、発展途上国の人口が世界人口の大半を占めることになるのである。さらに、大陸別の人口増加の推移予測は、アフリカ大陸が五〇％増で最も人口増加が進むと予測されており、次いで、北アメリカの二〇％（六四〇〇万人）、南アメリカの二七・八％と続いている。

一方、アジアでは中国において人口上昇率が減少すると予測されているが、インドでは人口の大幅な増加（五一％）が予測されている。このように相対的に世界人口の六〇％程度の人口を維持すると予測されている。

このような世界の人口増加傾向に対し、欧州連合（ＥＵ）においては人口が〇・七％減少し、世界人口に占める割合は、二〇〇三年の一一・五%から二〇二五年には九・一%にまで減少すると予測されている。

さらに、EU委員会によると、二〇五〇年にかけて急速に高齢化が進み、生産年齢人口（一五歳から六四歳）は一六%減少することが見込まれている。

2　世界の出生率と死亡率

一般的に、一定地域内の住民の数である人口は、死亡率と出生率の差異によって推移する。

図表2－2は「人口成長モデル」を示したものである。これによると、モデルⅠにおいては、死亡率と出生率の両方が上昇していることから人口の変化はない。モデルⅡにおいては、出生率が上昇し、死亡率が減少していることから人口の増加が見込まれる。モデルⅢでは、出生率、死亡率ともに減少していることから人口の増加はない。現在、発展途上国においては出生率が高く、死亡率が低いことから人口増加が予測されている。一方、先進国においては、出生率、死亡率ともに減少傾向にあることから、人口の減少が予測されている。

図表2－2　人口成長モデル

	Ⅰ	Ⅱ	Ⅲ
出生率 ……………	上昇	上昇	低下
死亡率 ……………	上昇	低下	低下
人口変動 ……………	変化なし	上昇	変化なし

出所：UNFPA (2002), LIVIB ACCI (1988).

図表2－3に示した男女別の世界の平均年齢（平均寿命）を示したものである。これによると、アフリカにおける平均寿命は五〇歳程度と、北米の七五―八〇歳、ヨーロッパの七〇―七八歳に比べてかなり低い。しかし、アフリカにおける女性一人当たりの出産数は、ラテンアメリカの二・七人、アジアの二・六人の二倍近くの五・二人と高いのである。

このようにアフリカの人口構造は、出産数が高いことから、総人口に占める若年層の割合が世界で最も高くなっている。周知の通りアフリカは、エイズ感

図表2-3　世界の平均年齢（歳）（2003年度）

	男　性	女　性
世　　界	65	69
先 進 国	72	79
発展途上国	63	66
アフリカ	51	53
北　　米	75	80
南米・カリブ	68	74
オセアニア	72	77
ア ジ ア	66	69
欧　　州	70	78

出所：Population Reference Bureau (2003), World Population Data Sheet.

染率が高く平均寿命は低いが、出生率が大幅に高いことから人口が大きく増加している。

こうした人口増加現象は、死亡率が低い他の地域では見られない。寿命が延びることは、短期的には人口の減少を一時的に食い止めることができる。ところが、出生率が低く人口の高齢化が進んでいる場合、長期的には人口の減少を招くことになる。つまり、人口増加の決定要因は、出生率の増加にあるのである。

3　ヨーロッパにおける出生率の推移

第二次世界大戦後、西ヨーロッパにおいて出生率が上昇し、特に、一九六〇年代はベビーブームと呼ばれ、その当時フランスでは女性の出産数が二・六―三人であった。しかしながら、一九六五年以降、出生率は減少傾向に陥り、一九七〇年から一九七五年における欧州連合（EU）一五カ国の出生率をみると、一九七〇年の女性の出産数が二・三八人だったのが、一九七五年には、一・九六人まで減少した。その後、その減少率は止まることなく、二〇〇二年には一・五人にまで下落した。

図表2-4は一九五〇―二〇〇二年までの西ヨーロッパ諸国の出生率の推移を示したものである。これによると、図に示したすべての国において減少傾向がみられるが、国によって文化や宗教上の影響などによって減少傾向が異なることがわかる。アイルランドは伝統的にカトリックの信仰心に篤いことから、一九八九年まで二・一人を下回ることはなかった、一方ドイツでは一九七〇年、イギリス一九七三年、フランス一九七五年、イタリアにおいては一九七七年に各々二・一人を割っていた。

欧州各国における出生率を次の四つのグループに分類することができる。

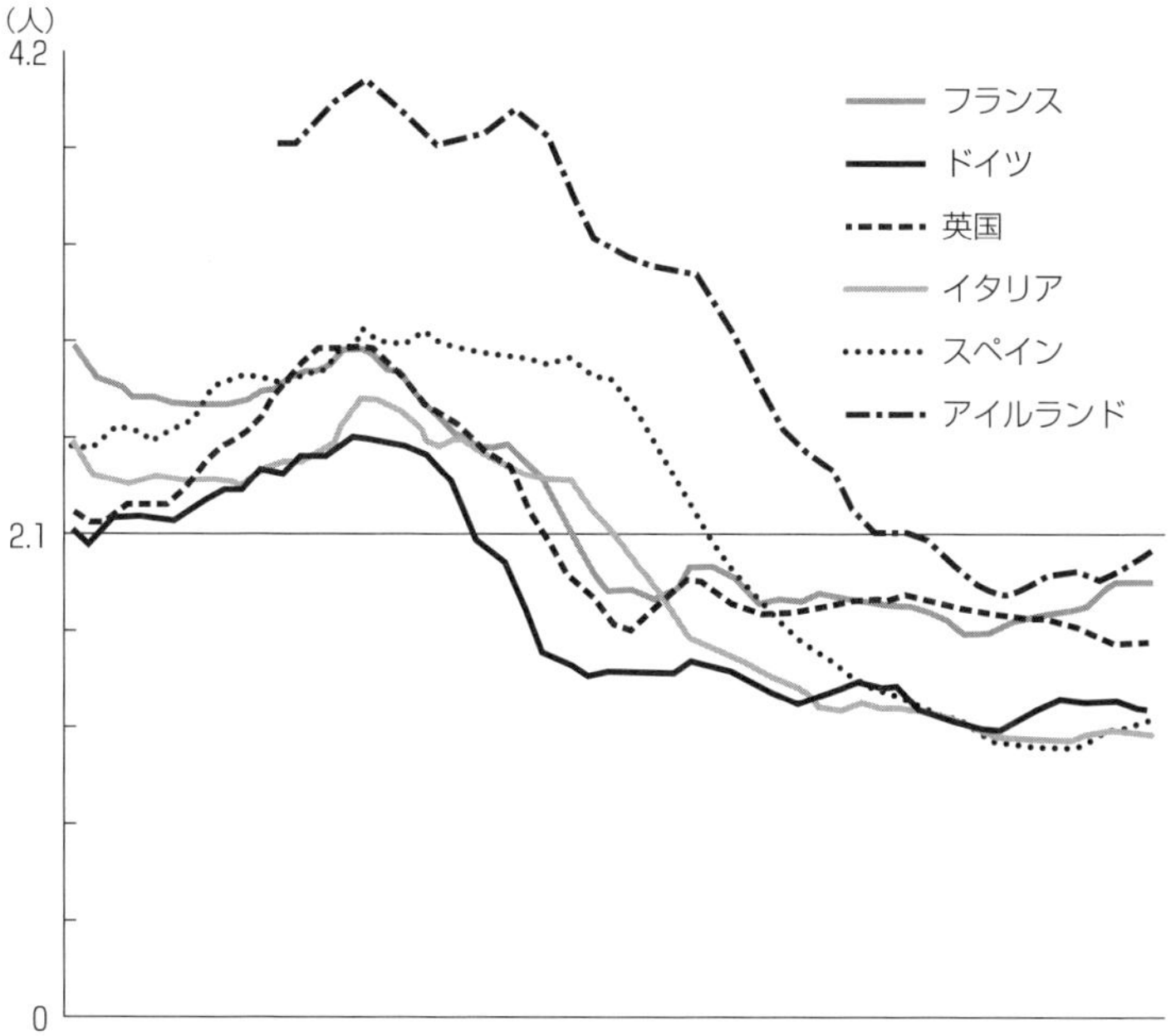

図表2-4　欧州諸国における出生率の推移（1950～2002年）

出所：Institut national d'études démographiques.

①グループⅠ

このグループは、欧州において人口減少を防ぐために必要な女性の出産数二・一人という高い数字を記録している国々である。欧州ではアイルランドが最も高い一・九九人を記録した。次いで、フランスの一・九〇人となっている。また、この二カ国に比べ多少下がるがフィンランド（一・八〇人）、デンマーク（一・七八人）、スウェーデン（一・七五人）が欧州では比較的高い数字を示している。このグループに北欧諸国が多く属しているのが特徴といえる。

②グループⅡ

グループⅡは、欧州諸国において平均的な出生率を記録している国々である。このグループには英国（一・七四人）、オランダ（一・七三人）、ルクセンブルグ（一・七〇人）、ベルギー（一・六四人）が属している。

③グループⅢ

このグループは、女性の出産数が一・五人であり、キプロス（一・四九人）、オーストリア（一・四二人）、ポルトガル（一・四二人）、エスト

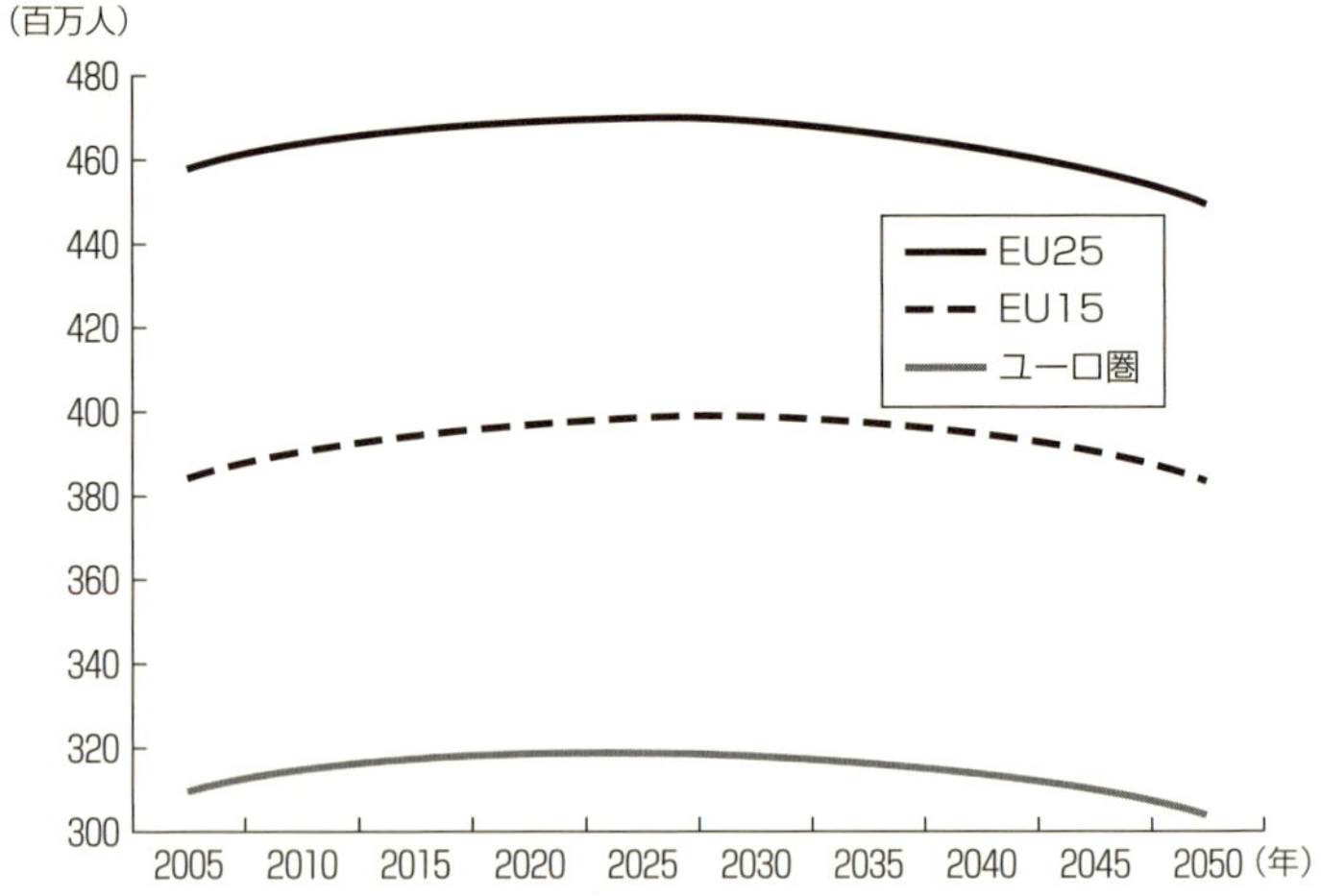

図表2-5　欧州における人口推定推移

出所：Eurostat.

ニア（一・四〇人）が属している。

④グループⅣ

グループⅣは、欧州において出生率が低い国々であり、このグループに属しているのは、イタリア（一・三二）、スペイン（一・三二人）、ギリシャ（一・二九人）、ハンガリー（一・二八人）、リトアニア（一・二六人）、スロバキア（一・二五人）、リトアニア（一・二四人）、ポーランド（一・二三人）、チェコ（一・二三人）そしてセルビア（一・二二人）など、南・東ヨーロッパ諸国であり、出生率の低下が顕著であることがわかる。ちなみに、二〇〇三年の女性の出産率は、北・西ヨーロッパ一・六人に対して、南ヨーロッパは一・三人、東欧は一・二人であった。

4　欧州連合（EU）の人口推移

現在、多くの欧州連合（EU）諸国において人口成長が停滞状態にある。つまり、出生者数よりも死亡者数のほうが多いのである。例えば、ドイツにおいては一九七二年以降、死亡者数が出生者数を超えており、イタリアも一九九三年以降、同様の現象が起きている。

図表2-5は、「ユーロスタット（EUROSTAT）」が欧州連合（EU）二五カ国の人口予測推移を調査した結果である。これによると、二〇〇五年から二〇二五年までの人口は、四億五八〇〇万から四億七〇〇〇万に増加すること

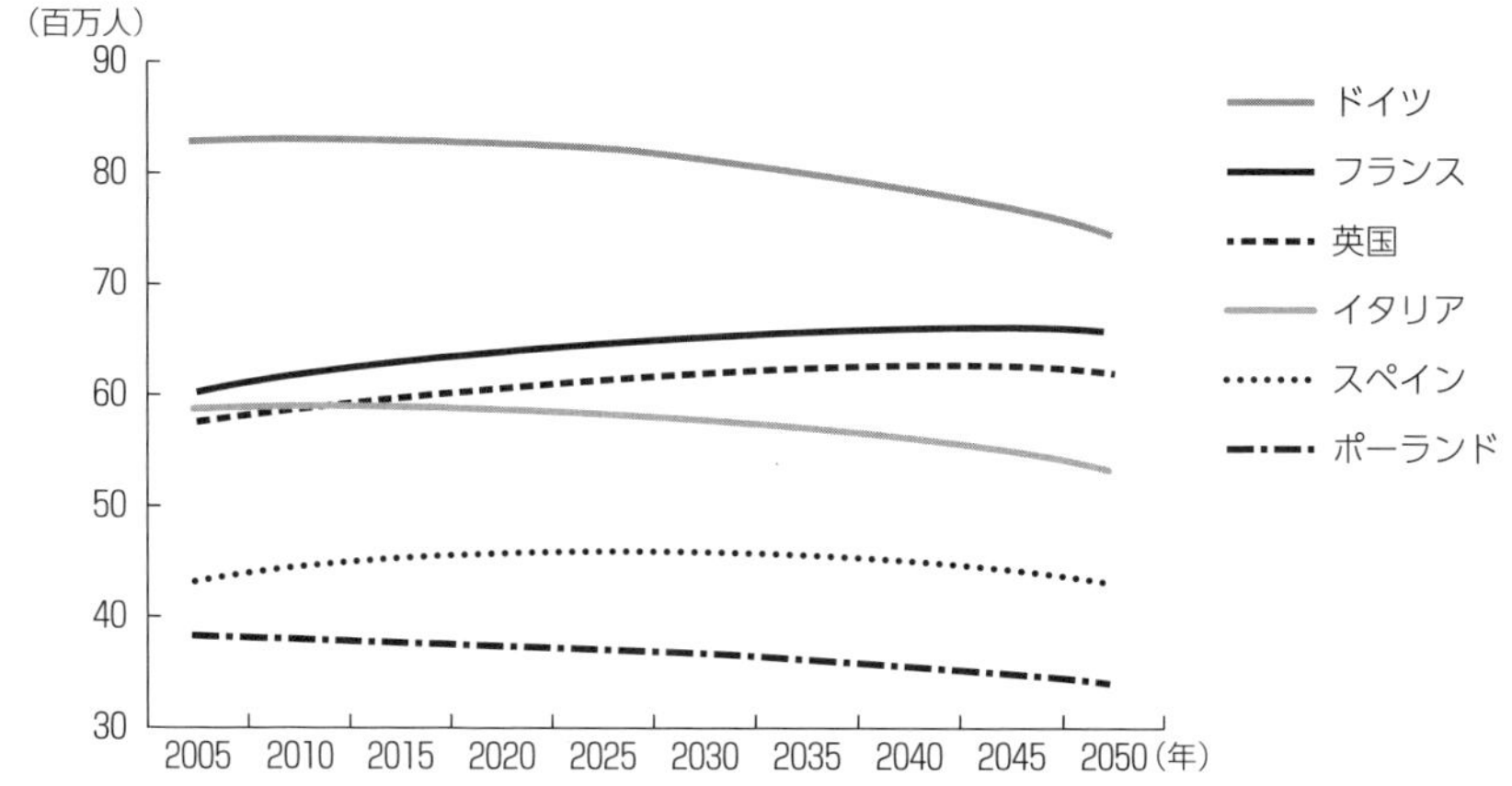

図表2-6　欧州6カ国における人口の推移

出所：Eurostat.

が予測されている。

しかし、その後減少に転じ、二〇五〇年には四億四九〇〇万人にまで減少することが予測されている。このように、二〇五〇年には全体的に人口の減少が見られるが、減少傾向は国によって異なる。ポーランド、ハンガリー、バルト三国、チェコ、スロバキアなどの中・東欧諸国は、欧州連合（EU）圏で最も人口減少が懸念される地域である。低い出生率に加え、他のEU地域に比べて国内総生産（GDP）も低く、比較的労働条件が有利な西側へ移住する者が増加している。

さらに、医学や衛生システムなども西側に比べて貧弱で、エイズ感染者も多いことなどから平均寿命が東を除くヨーロッパに比べて低く、平均寿命は、男性が六三歳、女性が七四歳と、東を除く地域の平均寿命（男性約七五歳、女性約八〇歳）よりもかなり低い。また、国連による人口予測によるとヨーロッパは二〇二五年において世界で唯一人口が減少する地域と予測されている。

図表2－6は、総人口の七六％を占める、欧州連合（EU）主要六カ国（ドイツ、フランス、英国、イタリア、スペイン、ポーランド）における人口予測の推移を示したものである。これによると、ドイツの人口は、二〇〇五年に八二六〇万人であったが、二〇五〇年には七四六〇万にまで減少すると予測されている。また、イタリア

の人口も二〇〇五年から二〇五〇年にかけて五五〇万人減少すると予測されている（二〇〇五年の五八二〇万人から二〇五〇年には五二七〇万人に推移）。

一方、フランスにおいては、二〇〇五年から二〇五〇年にかけて人口が六〇二〇万人から六五七〇万人にまで上昇すると予測されている。ただし、二〇四〇年までは人口が上昇するが、その後は下降に転ずる。

5　欧州連合（EU）における少子・高齢化問題
――域内の人口構造の変化――

欧州連合（EU）諸国は、①欧州の人々の寿命が延びたこと。生活環境や衛生状況などの改善の結果、欧州の平均寿命は、二〇〇〇年に男性が七五歳、女性が八一歳に達し、二〇〇三年には、男性が七五・一歳、女性が八一・二歳となり、米国よりも高い数字を記録している、②低い出生率の結果、人口ピラミッドが崩壊してしまった、③人口が最も伸長した一九六〇年代前半のベビーブーム世代における人口層が高齢化し始めた、という主な三つの要因によって深刻な人口の高齢化問題を抱えるようになった。

図表2－7は、欧州連合（EU）の総人口に占める六五歳以上の高齢者の推移を示したものである。これによると、一九五〇年にわずか九・一％であったが、一九七五年には一二・七％を占めた。その後、増加率が加速し、一九九三年に一四・五％、二〇〇〇年に一五・七％、二〇〇四年には一六・五％と徐々に増えている。

また、ヨーロッパ委員会によると、その割合は、二〇二〇年に二〇％、二〇二五年に二二・七％、二〇五〇年には何と三〇・三％に達すると予測されている。

図表2－8は、欧州の総人口に占める二五歳以下の若年層の推移を示したものである。これによると欧州連合（EU）では、総人口に占める高齢者が占める割合が上昇するとともに、若年層の割合が低下している。欧州連合（EU）における二五歳以下の割合は一九五〇年に四〇・七％であったのが、一九七五年に三九・二％、一九九三年

図表2-7　欧州連合総人口に占める65歳以上の高齢者の推移

（%）

	1950	1975	1993		2000	2004		2025	2050
	EU 25	EU 15	EU 25	EU 15	EU 25	EU 25	EU 15	EU 25	EU 25
65～79歳	7.9	10.7	11.0	11.3	12.3	12.5	12.8	16.2	18.5
80歳以上	1.2	2.0	3.5	3.7	3.4	4.0	4.2	6.5	11.8
合　計	9.1	12.7	14.5	15.0	15.7	16.5	17.0	22.7	30.3

出所：Eurostat.

図表2-8　欧州の総人口に占める25歳以下の若年層の推移

（%）

	1950	1975	1993		2000	2004		2025	2050
	EU 25	EU 15	EU 25	EU 15	EU 25	EU 25	EU 15	EU 25	EU 25
15歳以下	24.9	15.5	18.6	17.9	17.1	16.4	16.3	14.4	13.3
15～24歳	15.8	23.7	14.3	14.1	13.0	12.7	12.2	10.5	9.7
合　計	40.7	39.2	32.9	33.0	30.1	29.1	28.5	24.9	23.0

出所：Eurostat.

には三二・九%、二〇〇四年には二九・一%まで低下している。この数字は、ヨーロッパ委員会によると二〇二五年には、二四・九%、二〇五〇年には二三%以下まで下落することが予測されている。

ヨーロッパ委員会によると、一九五〇年の欧州連合（EU）における平均年齢が三三歳であったが、このまま少子・高齢化が進展した場合、二〇五〇年には、平均年齢が四八歳にまで上昇することが予測されている。

また、INEDによると、欧州連合（EU）における出生率の低下の結果、人口構成が偏狭していると報告されている。特に、ベビーブーム世代が総人口において比較的大きな割合を占めるドイツ、一九八〇年代に人口がピークに達したスペイン、イタリア、オーストリア、ポーランドにおいてその傾向が顕著である。

このように、今後、欧州においては次第に、総人口に占める高齢者の割合が大きくなることが予測されている。一般的に高齢化社会においては、定年退職者の増加にともない年金生活者が増える。また、高齢になるにつれて病気や怪我に悩まされることが多くなることから医療費も大幅に増加する。

一方、少子化の影響で労働力が減少しており、高齢化社会を支えるためには、労働力人口層への負担が増加することが予測される。

欧州連合（ＥＵ）における二〇〇四年の労働力人口（一五―六四歳）は、総人口の六七・二％（三〇六九万人）であるが、現在と同じように人口が推移した場合、二〇五〇年には、総人口の五六・七％（二五五〇万人）にまで下落することが予測されている。欧州連合（ＥＵ）諸国の中でも、東欧諸国、ドイツや南ヨーロッパ（スペイン、イタリア、ギリシャ、ポルトガル）において労働力人口の減少が顕著になると見られる。

「l'OFCE」および「DREES」の調査によると、フランスとドイツの定年退職に伴う費用や医療費用がＧＤＰに占める割合は二〇〇〇年には二〇％であったが、二〇五〇年には三〇％まで増加すると報告されている。

第2節　少子・高齢化問題と外国人移民の受け入れ
――移民受け入れのメリットおよびデメリット――

以上のような少子・高齢化問題の解決案の一つとして、外国人移民の受け入れによる方策がある。これは、若い移民を受け入れることによって労働人口と高齢者とのバランスを維持し、外国人移民の高い出生率によって国内の少子化問題を解決しようというものである。ただ、この方策には次のような問題点が指摘される。

第一に、受け入れ国において大量の移民を受け入れる体制が整っていないことである。一般的に、若い移民を受け入れた場合、短期的には平均年齢を下げることが可能であるが、外国人移民も高齢化するためその効果は一時的なものであり、長期的に維持するためには、継続的に大量の若い移民を受け入れる必要がある。

カナダ人の人口統計学者が実施した「スペインにおける移民の受け入れによる人口の若返り」についての調査結果によると、（Termote, 1997）、仮に、総人口の〇・五％（アメリカやオーストラリアよりも高い水準）の移民を毎年受け入れた場合、受け入れ国の平均年齢が三七歳であり、受け入れる移民の平均年齢が三〇歳であった場合、受け入れ国の平均年齢は三六・九六五歳にまで下落する。確かに、毎年流入する移民は、受け入れ国の平均年齢の上昇リズムを下げる効果がある。ところが、受け入れた移民も当然毎年歳をとるので、長期的に見た場合、同じ割合では平均年齢を低下させることは困難であり、平均年齢を維持するためには、より多くの移民を受け入れる必要性に迫られるのである。

国連の人口統計調査によると、イタリアの労働人口と非労働人口の比率を移民の受け入れによって維持する場合、二〇五〇年までに二二六八万人の移民が必要になると報告されている。

ただ、ここで問題になるのは欧州諸国が、アメリカやカナダのような移民によって構成された国ではなく、それぞれの国が独自の文化や歴史を持っていることである。文化や宗教の違う国から大量の移民が流入した場合、受け入れ国において移民を寛大に受け入れるベースがないことから、大きな政治・社会問題になりかねないのである。例えば、フランスにおける白人以外の移民の失業率が白人に比べかなり高いなど（仕事の有無に関わらず採用を拒否する傾向が高い）多くの欧州諸国において移民への差別（拒否反応）が表面化している。また、移民が関連した社会問題が急増しており、多くの欧州諸国において移民に対する厳しい規制（特に不法移民に対し）が敷かれている。

第二に、移民女性の高出産率に関する問題である。受け入れた移民女性が子供を出産する率が受け入れ国の女性に比べ高いことから、全体的に受け入れ国の出生率を上昇させることができると考えられている。

事実、二〇〇一年のスペインにおける女性一人当たりの出産率は一・二一人であったが、同国の外国人の場合は一・九二人であった。また、米国においては、平均二・〇六人に対し、ヒスパニックの女性は二・九五人出産している。

ただ、カナダの統計調査によると、移民女性の出生率は、受け入れ国の滞在期間が長くなるにつれて低下する傾向がある。滞在年数が短い移民は、出生率が高いが、二世や三世になると受け入れ国の平均値と同じような出産率にまで下がる傾向が強いと報告されている。また、仮に移民の出生率の増加によって出生率が保たれたとしても、長期的に見た場合、受け入れ国における外国人出身者の割合が増加するという人口構成上の問題が指摘される。

そのうえ懸念されるのは、フランスで移民の二世や三世が中心となって二〇〇五年に発生した移民暴動のような大きな社会問題の火種になる恐れである。

二〇〇五年四月に欧州評議会は、移民を大量に受け入れることによって、労働力人口と非労働力人口とのバランスを維持することは困難であると発表している。

同評議会によると、欧州は、一九九五年の人口を維持するために二〇五〇年までに毎年一八〇万人の移民が必要であり、また、労働力人口を維持するためには、毎年三六〇万人の移民を受け入れなければならないと報告している。しかし、現在の法制度、社会、政治的に考えて、このような莫大な数の移民を受け入れることは極めて困難なことである。

ところで、上記の移民受け入れの数字は、一般的に統計上の数字で簡素化したものであり、実社会はもっと複雑で、労働市場も完全競争市場ではないことから、このように単純に数字だけで表すことは困難なのである。現在EU諸国は、自国の社会や経済に応じた外国人労働者の受け入れ政策や移民の社会統合を促進している。また、少子・高齢化問題は女性の出産率の低下が直接の原因であることから、女性の出産率を上昇させるため様々な政策を打ち出して問題解決に努めている。

第3節　外国人移民受け入れによる経済効果

以上述べたように、欧州連合（EU）における少子・高齢化問題は、移民の大量受け入れだけでは解決できない複雑な問題であるが、移民は、補完的要素として受け入れ国の経済成長に大きく貢献している。

1　外国人労働者の貢献による経済成長

「カイシャ・カタルーニャ（CAIXA Catalunya）」の報告書[1]によると、一九九五－二〇〇五年の一〇年間に外国人労働者がスペイン人一人当たりの国内総生産（GDP）の年間成長率二・六％アップに大きく貢献している。ところが逆に、外国人労働者の存在がなければ年間成長率が〇・六％のマイナス成長であったという。つまり、過去一〇年間の一人当たりGDPを三・二％押し上げているのである。

欧州連合（EU）圏において最も移民の恩恵を受けているのはアイルランドであり、移民は、同国の一人当たりGDPを一・一％から五・九％まで上昇させている。

さらに、現在ドイツやイタリアの経済における移民の役割も大きく、仮に移民の経済参加がなかった場合、それぞれマイナス一・五％、マイナス一・二％のマイナス成長であったと発表されている。このように現在ヨーロッパにおいて移民の存在なくしては経済成長率を高めることが困難になっているのである。

図表2-9　移民の経済効果

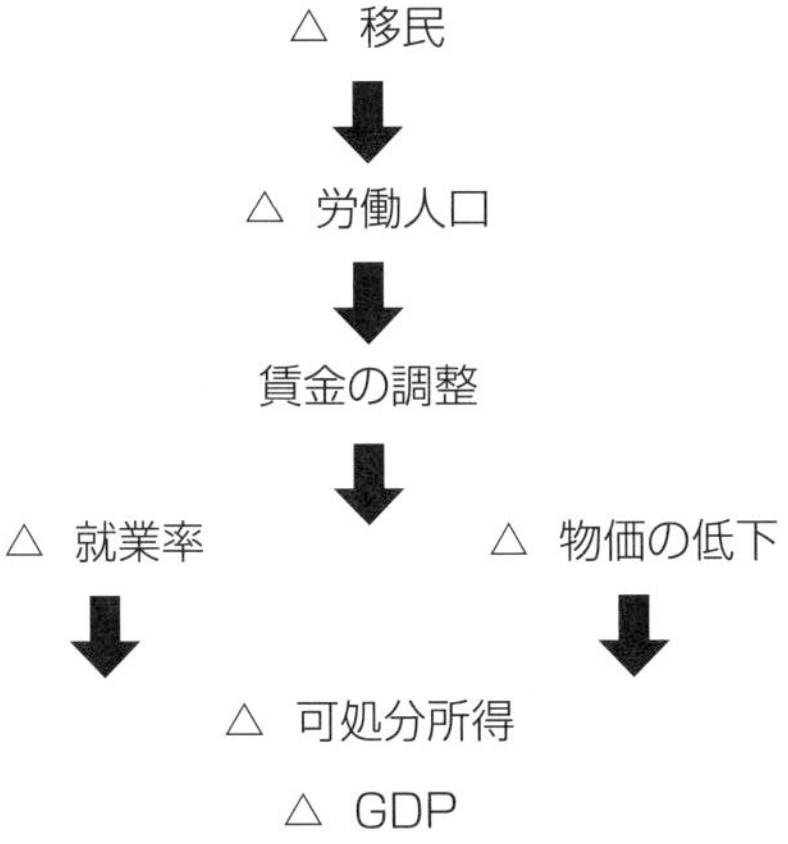

出所：BBVA.

図表2－9は、移民による経済効果を示したものである。これによると、移民の増加は、受け入れ国の労働人口を増加させる。これらの移民は、中・長期的に受け入れ国の高齢化減少を緩和させることに寄与する。また、こうした移民の流入は、短期的には賃金の低下、物価上昇を抑制し、新たな雇用の創出に貢献する。その結果、可処分所得やGDPを増加させることに貢献するのである。

2　労働人口の増加と消費効果

人口が経済成長に与える大きな効果が二つある。一つは、労働力人口の増加であり、もう一つは総人口の増加である。移民の流入が受け入れ国へ与える大きな経済効果として、総人口と労働力人口の増加がある。移民の国内への流入はその国の財やサービスの需要増大を促し、結果として新たな雇用を創出し経済成長を促進させると考えられている。また、労働人口の増加は、税収、国の歳入を増加させ、国家負担を減らすことにつながる。

さらに、社会保障加入者が増加することにより、社会保障を充実させることにも貢献するのである。特に、高齢化が進む国においては、労働力不足の解消、高齢化に伴う費用を負担する役割を担うのである。また、国内の消費も増加させ、受け入れ国のＧＤＰの増加に貢献するのである。

3　スペインにおける移民の経済効果

（1）　人口増加と経済成長

現在、スペインにおける女性の出産率は、一・一八人を記録している。スペインはイタリア同様ＥＵ圏において最も出生率が少ない国である。しかしながら、移民の流入の結果、一九九五年から二〇〇五年の一〇年間でスペインの人口は、四一七万人増加している。この数字は同時期における欧州連合（ＥＵ）圏全体の人口増加数の二八・六％に相当し、欧州連合（ＥＵ）の総人口に占めるスペインの人口は、一九九五年には一〇・五％だったのが二〇〇五年には一一・二％にまで上昇している。また、現在、スペインの労働市場において、スペイン人の労働力人口はスペイン人の総人口の五四・九％であるが、外国人移民においては七五・九％と非常に高い数字を記録している。ちなみに、ここ一〇年間で二四九万人の外国人労働者がスペイン労働市場に加わっている。さらに、移民人口の成長はＧＤＰ増加に大きく寄与しており、逆に、人口の増加がなければ、同時期のＧＤＰ成長率三・六％はマイナス一・一七％であった報告されている。移民は、労働供給量を増加させるだけでなく、賃金の低下にも貢献している。多くの非熟練労働者は、安い賃金で労働を提供するので、労働賃金を下げ、企業コストの削減やインフレ抑制に貢

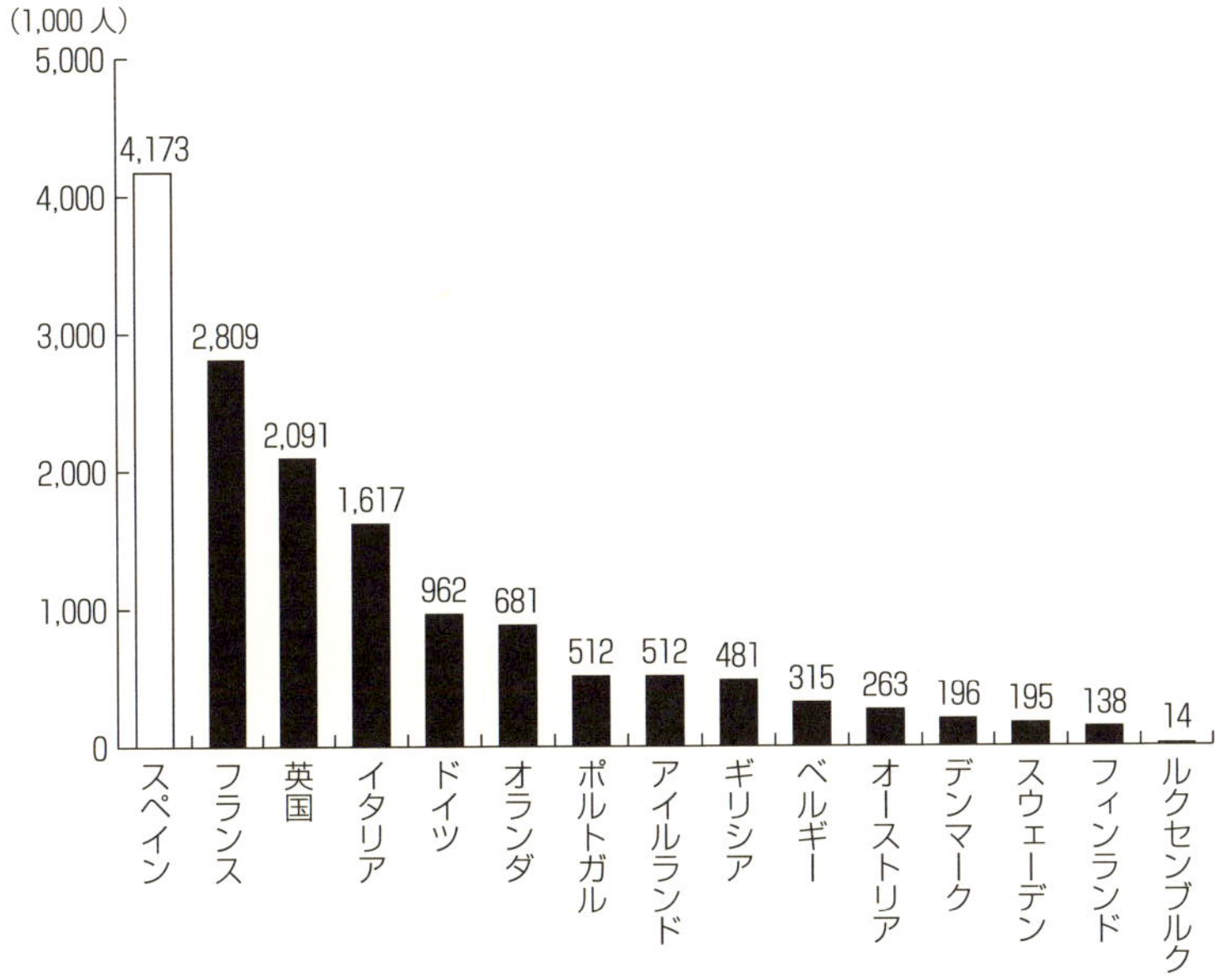

図表2-10　EU15カ国における人口増加数（1995～2005年）

出所：Caxia Catalunya.

献する。

移民は二〇〇〇年以降のスペインの人口増加の八〇％を占めている。移民の人口増加に占める割合は、一九九七年には二四・七％だったのが、二〇〇五年に九八・二％にまで上昇している。新たな家庭の形成においても、移民の貢献度は大きく、一九九七年に形成された家庭数は三〇万件であったが、二〇〇四年から二〇〇五年にかけて四五万件、二〇〇六年から二〇〇七年にかけても新たに四〇万件が増加し、二〇〇二年以降に形成された家庭の半数以上は移民によるものである。

今日スペインにおいて移民は、生産高の増加や新たな雇用を創出している。結果として、新たな移民の需要を増大させ、それらによって新たに労働市場に加入した移民もまた新たな生産と雇用を増加させるという移民増加サークル現象を引き起こしている。また、過去四年間で新たに創出された雇用の五〇％に、人口成長や消費傾向が顕著な年齢層（二五―四五歳）の移民が含まれている。現在、約五〇％の消費の増加や住宅需要の三分の一は、直接もしくは間接的に移民の国内流入に関連があると報告されており、移民が国内消費へ大きく貢献していることがわかる。

(2) 外国人労働者の社会保障への貢献度

移民は労働人口を増加させるだけでなく、外国人労働者が社会保障に加入することにより、少子・高齢化がすすむスペインの社会保障を支えるようになっている。

スペイン当局によると、二〇〇六年度の外国人移民の社会保障への貢献額は、二〇〇七年度の社会保障の決算における黒字分は、八〇億ユーロに相当すると発表されている。今後さらに、スペインにおいて社会保障に加入する外国人労働者の増加が見込まれている。

スペイン厚生労働省によると、社会保障に加入している外国人労働者数は、二〇〇〇年に四五万人だったのが、二〇〇六年九月には、一八八万人にまで膨れ上がっている。そのうち、八一・一五％は、欧州連合（EU）圏外の外国人であり、国別では、エクアドル人が最も多く（二八万人）、次いで、モロッコ人（二五万人）、ルーマニア人（一七万人）、コロンビア人（一四万人）と続いている。ちなみに、これらの外国人労働者の大半は、建設業（三七万人）、ホテル・飲食店業（二四万人）、不動産業（二一万人）などの非熟練業に就業している。

(3) 熟練労働者と非熟練労働者

①熟練移民労働者

移民人口増加による経済効果は、移民の経済活動の内容によって変化することが多い。高度な専門知識や専門技術を有した熟練移民労働者は、生産性向上に貢献することが可能であり、一般的に彼らはその見返りに高収入を得、国内の貯蓄や消費を増加させ納税に貢献する。また、熟練労働者は、①国内産業の高度化、②国内の技術革新の促進、③新しいノウハウの導入、④労働市場を活性化させることなどに貢献する。

ところが、発展途上国から先進国への頭脳の流出は、発展途上国の発展の妨げになるとの指摘がある。だが、発展途上国出身の有能な人材は、自国において活躍の場を見出すことができず、職を求めて先進国へ行くケースが多く、彼らが経験を積んで出身国に戻ることで、発展途上国の発展により貢献することができると考えられる。

②非熟練移民労働者

低学歴で特別な技能を持たない非熟練移民労働者は、生産性向上への貢献度は低く、給料が相対的に低いことから、高い税収を期待することは困難である。したがって、非熟練移民労働者の増加は、最悪の場合、生産性を低下させることにもつながる。

さらに、非熟練移民労働者は低所得であり、多くの出稼ぎ労働者は、出身国の家族への送金を余儀なくされることから、居住地における貯蓄や消費の増加に貢献することは少ない。また、特別な技能がないため、景気の変動に大きく左右されやすく、不況時には失業する可能性が高いのである。仮に、このような移民が社会保障に加入している場合、失業保険など国の負担を増加させることになる。一方、低賃金で働く移民は、肉体労働を中心とした職種において労働力不足問題を抱える先進諸国において大きく貢献することも確かである。

現在、多くの先進国において、女性の社会進出、高齢者の増加や国民の教育水準の上昇などの結果、家政婦、介護、ホテルやレストランなどのサービス業、建設、工場や農業など肉体労働を課される職種において労働力不足に陥っているケースが多い。また、国際競争が加速するなか、特に製造業においては大幅なコスト削減が余儀なくされている。その結果、低賃金で長時間働く移民労働者を雇用する企業が増加している。だが、単純労働を基盤とした労働集約型産業を維持しようとすれば将来性のある非労働集約的産業の衰退を招き、結果として国の競争力を著しく低下させることにつながると懸念されている。

さらに、少子高齢化社会において国内の熟練労働者が減少する反面、非熟練移民労働者が一方的に増加した場合、経済力を大きく低下させる可能性が高いのである。ちなみに、スペインの場合、非熟練外国人移民が同国の経済成長に大きく貢献している。

スペインのバブル経済の下で、多くの外国人移民はその恩恵を強く受けた。また、大半の移民が特別の技能を必要としない農業、家政婦、老人介護や好景気に潤う不動産・建設関連などの職種に就いていたが、それらの職には技術革新など生産性を向上させるなどの付加価値要素が低くいので、経済の長期的発展に貢献できなかった。

スペインでは二〇一〇年代初めになって建設・不動産ブームが終わり深刻な経済不況に陥った。経済危機の影響で多くの非熟練移民労働者が失業し、その大半が社会保障制度に加入していたため潜在的に大きなリスクになった。

前章において、欧州先進国における移民の歴史について概観したが、戦後から第一次オイルショックにかけての好景気時とその後の不況時における移民状況が変化したように、好景気下で人手不足の際は低賃金で働く非熟練労働者は役立つが、一度不況に陥ると非熟練労働者は慢性的失業者になりやすく、受け入れ国の経済にとって大きな負担となる。

スペインは移民の受け入れの歴史が浅く、短期的な視野でのみ移民を受け入れており、移民の受け入れの歴史が長い国々の教訓を生かしていないのである。

フランスでは、一九七三年以降、多くの移民が従事していた第二次産業の衰退により、多くの移民労働者は、サービス業などの第三次産業にシフトすることが可能であった。しかし、スペインには、建設・不動産にかわる産業はほとんど発達していないのである。そのため、かなり多くの非熟練外国人労働者を受け入れているため、大きな問題に発展する可能性が高い。

さらに、社会保障に関しても、現在は若い移民の加入者数により相対的に黒字決算になっているが、外国人労働者一人当たりの貢献度は低いことから、現在と同じような傾向で推移した場合、将来、彼らが高齢化した際に大きな問題を抱えることになるのである。

移民を多く受け入れることによって、移民の受け入れ国の社会への統合にともなって公共コストが増大することになる。特に、非熟練労働者が多い場合は、失業者が増大し、移民の貧困問題や治安が悪化するといった社会コストが増大する。ちなみに、現在、スペイン社会は、移民の増加に伴って、凶悪犯罪の増加、犯罪組織による麻薬密売、外国出身の売春婦の増加、政治家と犯罪組織による汚職スキャンダル、イスラム問題など、移民に関連した多くの問題が発生し、国民の生活に悪影響を及ぼしている。

こうした深刻な問題を背景に、一方的な非熟練労働者の受け入れがスペイン経済や社会に大きなマイナスになっているという厳しい指摘がある。

第4節　欧州における移民労働者受け入れ制度の特徴

現在、多くの欧州連合（EU）諸国は、過去の経験から非熟練労働者の長期滞在を懸念し、非熟練移民労働者の受け入れを拒む傾向が強くなっている。

一方、欧州連合（EU）において少子・高齢化が進展するなか、現在の生活水準を維持させるため、国内経済や生産性向上に大きく貢献することが可能な特殊技能や知識を有した者、或いは、国内で人材不足が顕著な特定職種においてのみ移民を受け入れているのである。

なお、国によっては、国籍、地方、業種、職種別に定数化する数量割り当て方式を採用している。

図表2－11は米国、英国およびフランスにおける外国で生まれた移民と受け入れ国で生まれた者の学歴を示したものである。これによると、フランスに居住するほとんどの外国生まれの者は中等以下の教育しか受けておらず、高等教育を受けている者はフランスに生まれた者と同じような割合になっている。また、米国においてもフランスと同じような状況にある。

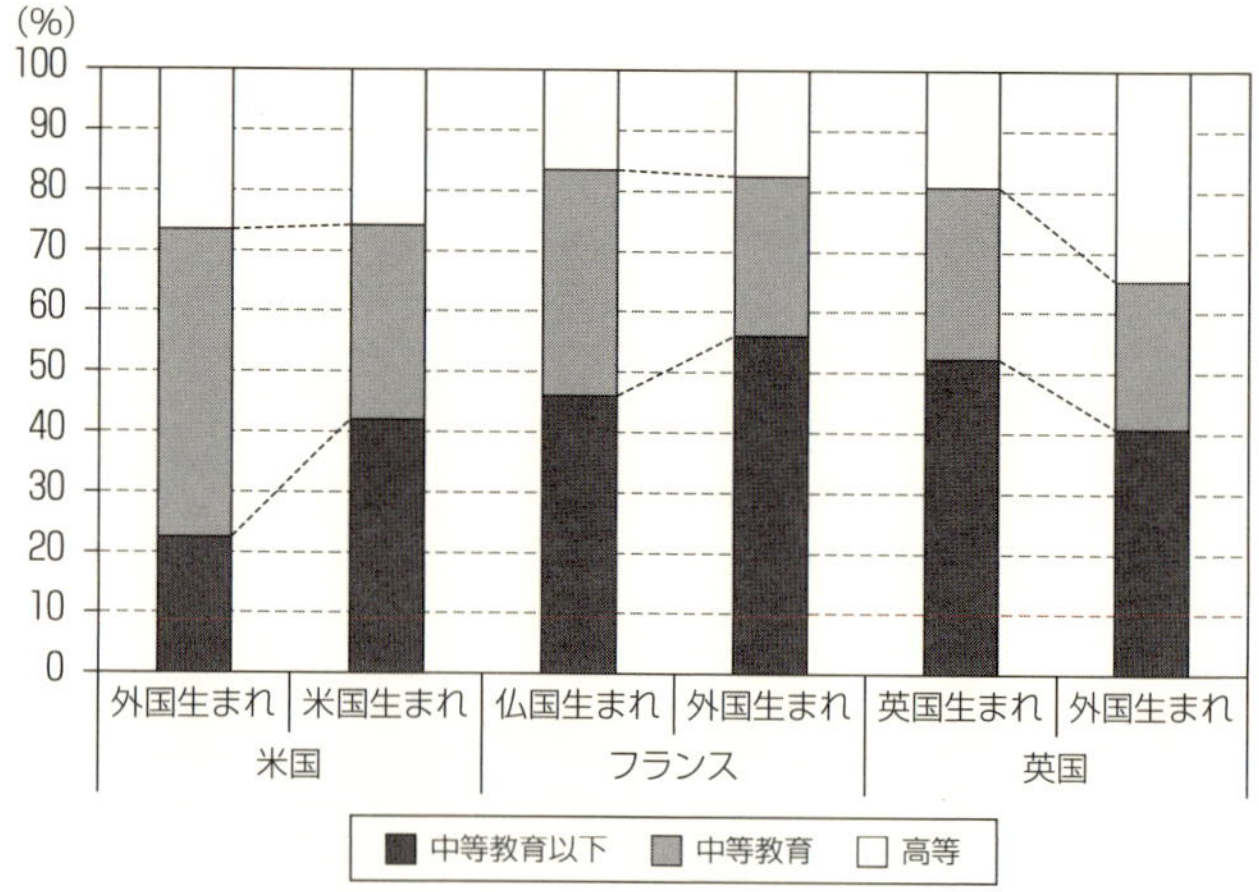

図表2-11　米国，フランス，英国における学歴（25～64歳）

出所：Dumont Lemaitre, OECD (2005).

一方、英国においては高等教育を受けている外国生まれの者の数（全体の三五％）が英国生まれの者（全体の二〇％）よりも多く、中等教育以下の教育のみを受けた者も英国生まれの者（全体の五〇％）よりも外国生まれの者（全体の四一％）の方が全体に占める割合が少ないのである。

1　英国における高度技能所持者の受け入れ制度

英国は、欧州連合（ＥＵ）圏でもっとも高度人材の獲得に熱心な国の一つであり、積極的に外国から優秀な人材を確保している。英国は高度人材の確保にあたり、二〇〇二年に高度技能移民プログラム（Highly Skilled Migrant Program: HSMP）を開始している。これは、大卒者、医師、金融専門家を対象に、高度な知識や技能を持った人材の就労または開業に基づく移住を許可するものである。このプログラムは通常の仕組みとは異なり、たとえ入国時に何らかの仕事や労働契約を結んでいなくても移住が許可されるのである。

外国人労働者がこの資格を取得するためには、教育の認定、業務経験、過去の収入、選択した職種での成果、優先権など五分野からなる「ポイント制度」に合格することが条件となっている。このプログラムは労働市場の需給に応じた量的解消はできないが、生産性向上に貢献する高い技能や技術水準をもつ高度人材の確保に貢献しているのである。ちなみに、二〇〇四年にはＨＳＭＰにより七三六七人の外国人を受け入れている。英国ではＨＳＭＰ以外にも、科学技術分野の関連事業を国内で起業しようとする人材を対象とした「イノベータ・スキーム」、国内の認定教育機関において科学や工学などを修了した留学生の就労を認める「科学・工学科目修了者スキーム」なども導入している。

2　移民の数量割り当て制度

現在、米国では、外国人労働者の受け入れ方式として数量割り当て制度を採用している。欧州では、イタリアやスペインが米国と同じような制度を採用しており、受け入れる移民の数を市場の動向や労働需要などに応じて国籍、地方、業種、職種別に定数化する数量割り当て方式を採用している。この制度は通常一時雇用者を対象にしたもので、外国人受け入れに関する手続きを迅速に行うことを可能にしている。

ところが、柔軟性がなく、一度割り当て定数を決定しそれを適応してしまうと変更がきかない。また、市場の動向を正確に予測することは困難であり、現実と予測とのギャップが生じることが多いという問題を抱えている。さらに、スペインなどでは大量に受け入れた一時雇用者が長期的に滞在してしまうケースも多いのである。

その他、ドイツでも数量割り当てによって人材を確保しているケースがある。情報通信技術者の不足から、ＩＴ技術者を対象にドイツ滞在期間を五年間に限定したグリーンカード制度を二〇〇〇年七月に導入し、上限二万人のＩＴ技術者の公募をＥＵ圏外から募っている。

二〇〇一年の八月に施行された同制度によって、二〇〇三年一月までに一万三六〇〇人の外国人ＩＴ技術者がグリーンカードを授与された。また、イギリスは、労働力不足が顕著な分野において非熟練労働者を受け入れており、その際、受け入れ人数の上限を定める数量割り当て制を採っている（滞在期限付きの受け入れのケースが多い）。

注

（1） Caixa（2006）

第3章

不法移民と深刻化する治安問題

第1節　欧州連合（EU）における不法移民の実態

一九七三年以降、欧州連合（EU）先進国で移民に対する規制が強化され、合法的な移民の流入抑制に成功した。だが、それとは裏腹にEU先進国内に不法移民（不法入国者、不法残留者）が激増している。

現在、欧州連合（EU）圏に年間一二万人から五〇万人前後の不法移民が流入していると言われている。しかし、欧州連合（EU）の大半が陸続きのため一度域内に入れば、自由に国境を越えてどこにでも往来できることから、その正確な数字を把握することは困難である。

1　不法移民とは

不法移民とは、入国先の法律を犯して侵入、もしくは滞在している者を指し、四つのカテゴリーに分類することができる。(1) ①マフィア組織の支援があるなしに関わらず、当局の監視をすり抜けて国境を越えた者、または偽変造旅券を使用して入国した者、②観光ビザや学生ビザなどで合法的に国内に入国し、滞在期限が切れた後もそのまま国内に在留する者（オーバーステート）、③合法的に入国もしくは居住している者で出国せずに、他の司法上のステータスに切り替えて滞在を延長した者、④何らかの形で居住は認められているが、自分の在留許可の範囲外の活動を行う者である。これら四つのうち、いずれかに該当すれば、在留許可書を所持していない者として厳しく罰せられる。ちなみに、スペインの場合は〝シン・パペール〟（在留許可書不所持者）として身柄を拘束される。

2 欧州連合（EU）諸国における不法移民

欧州連合（EU）諸国内には多数の不法移民が居住しているが、国によって彼らに対する法的措置が大きく異なるので、その実情について各国別に紹介する。

（1）フランスにおける不法移民

フランスは、欧州連合（EU）圏において不法移民に対し、最も厳しく対処している国の一つである。フランス内務省によると、現在、フランスには二〇万から四〇万人の不法移民が居住しており、毎年八万人から一〇万人の不法移民が新たにフランスに入国しているという。

フランスでは通算一〇年間の滞在証明書類があれば、居住権を獲得することができる。ただし、一夫多妻の場合は、その権利は認められない。また、居住権を取得する条件の一つとして、最低一〇年から一六年の教育を受けていることが義務付けられている。ちなみに、フランスでは、不法移民の子息に対しても学校で学ぶ権利を与えている。しかし、不法移民の社会保障加入は認められておらず、緊急を要する以外は、病院で医療サービスを受けることはできないのである。

（2）ドイツにおける不法移民への対応

NGO団体によると、現在、ドイツには五〇万から一五九万人の不法移民が居住している。ドイツでは、不法入国や不法在留は、禁固刑に値する重罪としてみなされている。したがって、不法移民が身柄を拘束されると、直ちに収容所に強制入所させられ、司法判決を待つことになる。収容所での滞在期間は通常二週間までだが、最長一八カ月まで延長が可能である。一般的に不法移民の多くは国外退去を命じられるが、人道上の理由などで国外退去の手続きができない者は、亡命申請者と同等に扱われ特別な処遇をうけることになる。しかし、彼らは、状況が許されれば、直ちにドイツから出国することを義務付けられており、居住権を与えられることは滅多にない。ちなみに、ドイツにはこれに該当する移民が、三〇万人近くいるといわれる。

しかしながら、ドイツでは一九七四年に、移民に対し国境を閉鎖して以来、大量の移民を合法化する考えはなく、彼らに対して住民登録や保険加入および医療サービスを受けることを許可していない。ただし、緊急時には、NGOを介し医療サービスを受けることが可能となっている。また、教育に関しても不法移民に対する規制は厳しく、地域によっては、学校長が国に対し、不法移民の子弟の状況を逐次報告する義務がある。

（3）不法移民増加に苦慮するイタリア
――アフリカから小船で上陸し、そのまま在留――

イタリアでは、オーバーステート者が増加している一方、スペイン同様、アフリカから小船で入国するケースが増えており、年間約一万数千人がシチリア島に上陸した。通常、不法入国者は、身分照会のため約四〇日間、同島にある保護施設に強制収容させられる。現在、この収容所は満員状態であるため、多くの不法移民は、その他の島の施設に収容され、身分照会の後、国外追放の処分を受けている。しかし、大半の不法移民は、国外退去命令を受けるだけで、実際に本国に送還される例は殆どなくそのまま国内に残っている。事実、二〇〇五年にイタリア当局によって一一万人の不法移民が身柄を拘束されているが、出身国へ送還されたのは、一〇人のうちわずか四人だけであった。ちなみに、二〇〇三年から二〇〇五年までに本国送還された不法移民は、二〇〇三年に三万七七五六人、二〇〇四年には三万五四三七人、二〇〇五年は二万六九八五人となっている。

このようにイタリアでは不法移民に対する対応が寛容なことから、現在、当局に対し、五七万人もの不法移民が在留許可を申請中である。ただイタリアでは、不法移民が、医療サービスや教育を無料で受けることはできない。

(4) 英国における不法移民への対応

英国では原則として、不法移民の居住を認めていない。そのため、密入国者は直ちに国外退去を命じられるのである。また、観光ビザで入国し、六カ月の滞在許可を過ぎた者は、教育も医療サービスも受けることはできない。したがって、社会保障に加入するためには六カ月以上の在留許可を取得し、英国内に居住しているという証明書を提示することが義務付けられている。

英国内務省によると、英国国内には現在、偽変造旅券や無効旅券を所持している不法移民が五七万人も潜伏しているという。移民規制が厳しい英国では、不法移民が、正規移民となるために亡命を申請するケースが多い。しかしながら、仮に申請中であったとしても、英国当局は、司法の許可の有無に関わらず逮捕することができるのである。NGO団体「国際アムネスティ」によると、近年、亡命申請中の不法移民が英国当局によって二万五〇〇〇人が逮捕されている。

第2節　不法移民増加の要因

不法移民が増加している最大の要因は、前節で述べたように、欧州各国において厳しく移民の流入規制をしていることである。厳格な規制の下、容易に正規移民として欧州域内で就労や定住ができない。また、アフリカ、アジア、中南米などの発展途上国出身者は、入国する場合には査証が必要であり、合法的に入国することも容易ではない。それではなぜ、彼らは法律を犯してまで欧州先進国に入国や定住をしたがるのであろうか。

1　欧州連合（EU）諸国と発展途上国における貧富の格差
――深刻な肉体労働者不足が背景に――

欧州連合（EU）諸国における不法移民の大半は、発展途上国の出身者で占められている。彼らが法律を犯して、命がけで先進国へ入国しようとする最大の要因は、出身国の劣悪な経済・生活環境から逃れるためである。例えば、一九九〇年代におけるアフリカの極貧困人口は二億四二〇〇万人から三億人に膨れ上がっており、アフリカ大陸二〇カ国の全人口の半数以上が貧困問題を抱えている。

今日、アフリカには、特別な産業は発達していないが、豊富な石油や鉱産物の天然資源に恵まれている。しかしながら、それらの採油・採掘のための資金や技術力が不足しているため、外国への依存を余儀なくされている。また、アフリカでは内戦が多発していて政治リスクが非常に高く、経済的にも不安定であるため、海外からの直接投資が少ないのである。そのうえ、多くのアフリカ諸国は、独裁者、政治家や官僚などによる汚職問題も絶えず、仮に、資源を開発して利益を得ても、富裕者層がすべて独占してしまうのである。

さらに、他国からの援助に関しても、汚職が蔓延しているため援助物資が貧困者の手に行き渡ることはほとんどない。その他、アフリカには飢餓やエイズなどの感染症が蔓延しており、多くの問題を抱えているのである。一方、欧州連合（EU）では、貧困は存在するがアフリカや中南米のような極度の貧困に陥っている者は少ない。社会や政治も安定しており、最低賃金も高い。また、衛生状態もよく社会保障の面でも充実している。さらに、欧州諸国では現在、肉体労働を必要とする産業界で深刻な労働力不足が生じている。多くの企業は、低賃金で長時間就労ができる労働者を歓迎するなど、労働の需要が高いのである。

しかしながら、現在、多くの欧州諸国において不法就労者の規制が強化されており、容易に仕事に就くことができなくなっている。したがって、多くの不法就労者は、できるだけ規制が緩やか、もしくは正規移民になる可能性が高い国に密入国しようとするのである。例えば、スペインと比較して、フランスに不法移民が少ない理由として、①不法移民を大量に合法化することがなく、一人一人を厳しくチェックしている、②労働市場において、不法移民が就労しにくい環境がある、などがあげられる。

2　移民ネットワークの存在

移民の出身国の生活環境が劣悪だからといって、簡単に移住することはできない。仮に、移住先の規制が厳しくなくても、情報収集や諸手続き、入国時の住居の確保などを単独で行うことは困難である。さらに、不法移民が、当局の厳しい監視をすり抜けて見知らぬ土地で自由に行動をすることには限界がある。

ところが、合法、不法に関わらず移民の保護や入国と定住のための援助などをしているＮＧＯなどの団体がある。通常、移民の入国や定住には、マフィア組織や入国先に居住している家族、親戚、友人、さらには、自分の出身国もしくは同郷者で構成されているコミュニティーが関与しているケースが多い。つまり、移住を計画している国で、先駆者らが仕事の斡旋や住居の確保など受け入れ態勢や生活環境を整えているのである。さらに、多くの欧州諸国は、家族の呼び寄せによる移民の受け入れを容認しているため、簡単に移住することができるのである。また、不法移民の合法化を認めている国では、彼らの家族もほぼ同時に入国することが多いため、より一層の移民を呼び込むことになるのである。

スペインの市中銀行ＢＢＶＡによると、一％の移民の流入は、その後一一％の移民の増加を招くと報告されている。

3　スペインにおける不法移民増加の要因

スペインにおいて不法移民が増加する最大の理由は、他国に比べ、正規移民になり易いからである。スペインでは不法移民でも、パスポートのコピー、住居の賃貸契約書および電気代の領収書などを提出すれば簡単に住民登録ができる。こうした書類は不法移民の親戚や友人がスペイン国内に居住していれば簡単に入手できるものである。また、不法移民から正規移民になる手続きに関しても、不法移民に有利な仕組みになっている。スペインで正規移民になるための条件は、①スペインに二年から三年滞在していることの証明（住民登録）、②最低一年間の就労契約、③親戚が居住権を獲得していることの三つが要求されている。したがって、不法移民の多くは、住民登録後、二、三年の間スペインに潜伏し、期間が過ぎた後、移民ネットワークもしくはマフィア組織の支援を通して、何らかの就労契約書を獲得すれば正規移民になることができる。このような制度の結果として、スペインでは一年間に六五万人の不法移民が合法化されている。現在、一度、ＥＵ圏のいずれかの国で合法化された移民は、他のＥＵ諸国においても就労することができる。そのため、簡単に不法移民を合法化するスペイン政府に対し、フランスを中心とした他の欧州連合（ＥＵ）先進諸国は激しく非難している。スペインにおける大量の合法化は、大勢の不法移民を呼び込んでいる。ちなみに、現在、約一〇〇万人の不法移民がスペインに潜伏して、合法化の機会を待っているのである。さらに、現在、マフィア組織の勢力の拡大によって、スペインでも外国人移民による凶悪犯罪が急増している。

第3節　移民とマフィア組織の関係

グローバル化の進展の結果、インターネットなどの高度情報技術や交通機関の発達が進み、世界中の情報が簡単に入手でき、世界中のどこへでも簡単に往来することが可能になった。しかしながら、移民が第三国に居住するためには十分な情報や資金が必要となる。多くの発展途上国に居住する人々は、それらを容易に獲得することは困難なうえに、監視が強化されている欧州連合（EU）圏へ潜入することは至難の業である。そのため、マフィア組織が、国際犯罪ネットワークを駆使して移民を先進国へ密入国させ、定住できるように手助けするケースが増えている。ちなみに、スペインに居住する中国人の一〇〇人に一人は、入国時にマフィア組織の支援を受けているといわれている。そしてマフィア組織は、密入国させた移民に売春行為や犯罪行為を強制しているのである。

このように移民の増加にともない、移住国において、通常の正規移民とマフィア組織に関与している移民とを区別することが困難になっている。

1　マフィア組織の特徴

現在、欧州連合（EU）圏内において、国際犯罪ネットワークを確立して麻薬密売、人身売買、マネーロンダリングなどの犯罪行為に手を染めている国際マフィア組織が増えている。

欧州連合（EU）圏内で活動しているマフィア組織は、欧州連合（EU）圏内の地元組織と欧州連合（EU）圏外のマフィア組織の二つに大きく分類できる。通常、欧州連合（EU）加盟国における各国の犯罪領域は、その国の国民が中心となって組織化された地元の組織によって支配さていることが多い。地元のマフィア組織は、自国の文化、法律や経済構造に精通しており、その国において大きな地盤を築いている。欧州連合（EU）圏内におけるマフィア組織で最も活動範囲が広いのがイタリアのマフィア組織であり、汚職などによって国内の政治や経済に大きな影響力を持っている。その他、合成薬物の製造に精通しているオランダのマフィア組織、偽変造貨幣造りの特殊技術を持つリトアニアのマフィア組織などがある。

現在、こうした地元のマフィア組織が、欧州連合（EU）圏外のマフィア組織と連携して犯罪行為を行うケースが増加している。欧州連合（EU）圏外のマフィア組織と手を組むことによって、彼らが所有している情報や、特別な技能を活用することが可能になり、また、活動範囲を広げることによって、多くのビジネスチャンスを獲得することができるのである。

2　欧州連合（EU）域内で活動する主な外国マフィア組織

ユーロポール（Europool：欧州刑事警察機構）が発表した「欧州連合（EU）における組織犯罪に関する年次報告書」によると、現在、欧州連合（EU）諸国には大小およそ三六〇〇のマフィア組織が存在しており、約五万人の構成員が暗躍しており、年間四〇兆ユーロを獲得している。

これらのマフィア組織の主な出身国は、オランダ、英国、ベルギー、イタリアなど欧州連合（EU）諸国のほかに、ブルガリア、アルバニア、旧ユーゴスラビア、トルコ、ロシア、ナイジェリア、モロッコ、中国、南米のコロンビア、などである。

これらの国際マフィア組織のうち、「ブルガリア・マフィア」は、偽札づくり、不法入国のための偽変造旅券の作成、売春のための人身売買、マネーロンダリング（資金洗浄）、強盗、など活動範囲が多岐にわたっており、EUにおけるもっとも危険な組織犯罪集団の一つといわれる。

なお、旧ユーゴスラビア系マフィアの実態は明らかではなく、麻薬取引、密航請負、自動車強盗などが主であるといわれている。以下、欧州連合（EU）域内における主な国際マフィア組織の活動内容についてみてみる。

(1)　トルコ系マフィア組織

トルコ・マフィアは、ヘロインなどの麻薬や武器の密売、マネーロンダリング、などが主であるが、最近、ほかの国際マフィア組織との連携を強化している。

欧州において、トルコ系マフィア組織が関与している犯罪で最も多いのは、欧州へのヘロインなどの麻薬の密輸入である。世界におけるヘロイン精製に必要なケシの栽培は、アフガニスタン、ミャンマーおよびラオスの三カ国で行われている。特に、アフガニスタンは、ケシの栽培によって、年間四二〇〇トンのアヘンを生産している。現在、トルコ系マフィア組織は、アフガニスタンでアヘンを生産し、それらをパキスタンやイランを経由してトルコへ密輸入している。その後、トルコ東部にある工場で精製して、西欧に密輸入しているのである。

（2）コロンビア系マフィア組織「カリ・カルテル」

コロンビア系のマフィア組織「カリ・カルテル」は、南米から欧州連合（ＥＵ）へのコカインの密売、欧州諸国におけるコカインの流通を欧州連合（ＥＵ）の地元マフィア組織と共同で行っている。その他に、強盗、誘拐、マネーロンダリングなど多種多様な犯罪に手を染めている。

（3）アルバニア系マフィア組織

アルバニア・マフィアはアルバニアに拠点を置くか、民族的にアルバニア人である者を主体とする複数の犯罪組織の総称。アルバニア人による犯罪活動は欧州連合（ＥＵ）諸国ではイタリア、英国およびベルギーなどで活発である。特に、コソボ紛争によりＥＵ諸国への大量の難民が流入している。その中に、多くのマフィア組織のメンバーが潜伏しているといわれている。アルバニア・マフィアの主な活動は、トルコ製ヘロインの密売と武器取引・流通が主であるが、コロンビア・マフィア（カリ・カルテル）と連携し、コカインの密輸入の仲介もしている。ちなみに毎年、約三〇トンのコカインがアルバニア―ヨーロッパ間の航空便で押収されているという。このほか、不法移民（滞在者）の西欧への密入国斡旋や人身売買などがある。彼らは近年、英国において性的奴隷取引に大規模に関与していると見られている。また、ロンドンのキングスクロス地区に拠点を持ち、ヘロイン取引を巡ってトルコ人の犯罪組織と争っていると言われる。

一方、ベルギーの警察当局のアルバニア人犯罪専門の部局によると、アルバニア・マフィアの一族はベルギーにおける人身取引を含むあらゆる違法な取引を主導し支配しているという。アルバニア人のマフィア組織はヨーロッパ各地に広がり、加えて彼らの犯罪の残虐性と西側諸国における組織売春のネットワークも拡大している。

(4)　中国系マフィア組織「三合会」

欧州連合（EU）諸国は、中国人社会における金品の恐喝、賭博、売春、高利貸しなどのほか、域内において麻薬の密売、不法出入国の斡旋、クレジットカード詐欺、偽変造旅券の作成、マネーロンダリングなど、国際的に展開される犯罪に従事している。「香港三合会」（＝香港トリアッド）が犯罪集団の背後組織である、と一般的にみなされているが、実際は、様々な華僑系中国人暴力団によって、組織犯罪が行われる。「香港三合会」は、強奪、国際麻薬取引、計画殺人、人身売買、パスポートやクレジット・カードの偽造のほか、近年、欧州連合（EU）諸国への中国人の集団密入国の斡旋を行っている。

「香港三合会」は、単一の組織ではなく、様々な階層構造を持ち、儀式を通してお互いに構成員同士が結ばれた、独立した集合体からなる比較的構造の穏やかな集団である。

「香港三合会」には、三つの一般的な行動タイプがある。一つは、様々な組織出身のトリアッドのメンバーが集まり、利益を得ることが出来る非合法な犯罪活動を行う。二つ目は、合法的な事業主と組み、新しく発展している分野・市場を独占する。三つ目は、トリアッドのメンバーのみによる、合法ビジネスへの投資の増加である。

香港黒社会の収入源には、非合法的なものには、売春・ポルノ産業があり、主として、売春斡旋、ポルノ映画・ビデオなどの販売などで、大半はナイトクラブ、サウナ、出張売春サービスを扱うマンションなども経営している。覚醒剤やヘロインなどの麻薬も重要な収入源である。

「香港トリアッド」は、欧州連合（EU）諸国への密入国の地下組織網をますます充実させ、主に香港に籍を置くトリアッド・グループが中国人の輸送にかかわり、斡旋した密入国者数は欧州連合（EU）全体で数十万人に上るといわれている。

密航請負ビジネスで、大陸から一人密出国させる手数料は一―二万ドルといわれ、一〇〇〇人密航させれば、実収入は一〇億円以上になる。こうした欧州連合（EU）での密航請負ビジネスの拠点は、ベルギーに存在しているとされる。貨物船や漁船、あるいは長距離トラックなどで大陸から一〇―五〇人程度のグループに分けてベルギーに運ばれ、ベルギーからコンテナ船で最終目的の英国などに密入国させるのである。そのため英国では、中国人のクレジットカード詐欺への関与が大きな社会問題となっている。他人のクレジットカードから盗んだ情報を偽造クレジットカードに信号化して入力する、というのがその手口である。

中国や香港の中国人が欧州連合（EU）諸国へ入国するようになって、欧州連合（EU）諸国の偽造パスポートを扱う大きな闇市場が形成され、こうした儲かるビジネスに関わる犯罪が増加、また欧州諸国において、中国から連れてきた移民を使って縫製工場、レストラン、商店を経営するなど多くの活動を展開している。

欧州連合（EU）諸国における中国人不法移民は、当局に対する身分証明書や自由に国外に出国するため旅券を必要とする。現地に進出しているトリアッドは、不法移民に対する偽変造旅券も準備して売りつけるのである。

欧米人から見て、日本人も中国人も区別がつかない。そこで日本人のパスポートが偽造パスポート作成のための標的になっている。中国系マフィア組織は、現地の犯罪組織と結託してスペイン（マドリード、バルセロナ）、英国（ロンドン）、フランス（パリ）などを訪れる日本人ビジネスマンや観光客のパスポートを奪って偽造するのである。

(5)　ロシア系マフィア組織（ロシア・マフィア）

ロシア・マフィアは、積極的に海外に進出し、地元の犯罪組織と提携を深めており、麻薬密輸、武器密輸、殺人請負、マネーロンダリング、売春の斡旋や仲介などによって世界中で五〇〇〇億ドルという巨額な利益を得ている。

ロシア・マフィアは、旧ソ連の国々のマフィア組織（チェチェン系、アルメニア系、グルジア系、ウクライナ系、アゼルバイジャン系など）との関係が深く、積極的に欧州連合（EU）加盟国に進出し地元のマフィア組織と提携を深めている。彼らは、麻薬密輸、人身売買、武器密輸、殺人請負、マネーロンダリング、売春の斡旋や仲介、タバコやアルコール類をタバコや酒税の高い英国や北欧諸国などへの密輸、高度な詐欺行為などのほか、クレジットカード、小切手、移民および市民権獲得のための書類、パスポート、その他の公文書の偽造などを手がけている。詐欺行為や公文書偽造に加え、ロシア・マフィアはコロンビアの麻薬カルテル「カリ・カルテル」など他国のマフィア組織と協力して、EU地域へのコカインやヘロインの密輸に関与している。こうしたEU地域における麻薬取引にロシア・マフィアは、リトアニア、ラトビアなどを中継地として利用している。

なお、ロシア・マフィアは、ウクライナ・マフィアなどと組んでスペインなど欧州連合（EU）域内において核物質の密売をしているといわれている。ロシア・マフィア絡みの核関連物資の密輸ルートは、バルト諸国―東欧経由でドイツへ、チェチェンやアゼルバイジャン経由で中東へ抜ける方法があるといわれる。

ところで近年、欧州連合（EU）内への武器の密売買で莫大な利益を得ているのがウクライナ・マフィアである。イタリアの治安当局によると、過去二年間の武器密輸捜査において、ウクライナからアサルト・ライフルやミサイル、対戦車兵器など少なくとも一万数千トンの武器が密輸されたという。

こうしたウクライナからの武器密輸ネットワークは、ドイツやオーストリア、ベルギーにまで拡大している。

ウクライナ・マフィアといえば、人身売買でも知られている。ウクライナ内務省の統計資料によると、過去一〇年間に四〇万人ものウクライナ人女性が密売買されたという。しかし、正確な数字は把握されておらず、これらの密売買された女性たちの行き先で最も多いのがEU諸国である。

(6) ウクライナ・マフィア組織

ウクライナのマフィア組織は、武器や兵器の密輸、麻薬の密売買、人身売買、窃盗車の売買、請負殺人のほかにも様々な犯罪行為を行っている。

ゆすりや恐喝は、街路やスーパーマーケット、また大企業など様々なレベルにおいて行われており、ゆすりや恐喝を行うことにより、その地域が、自分たちの縄張りであることを表している、そしてゆすりなどで得た資金は、組織の活動資金の一部にされているのである。

ウクライナ・マフィア組織は、酒類の密輸・密売も行っており、ウクライナで販売されている酒類の約三〇％は、ブラック・マーケットのものか密輸されたものという。さらに、ウクライナ・マフィア組織はその収益率の高さから、音楽やソフトウェアーの違法コピーの販売も行っている。しかも、音楽やソフト・ウェアーの違法コピーを製造する施設は大規模で、一年間におよそ七〇〇〇万枚ものコンパクト・ディスクを製造できる工場などを各地に有する組織もある。

違法コピーされた音楽ＣＤやソフト・ウェアーは、ウクライナ全土のキオスクや店舗で販売され、マフィア組織は莫大な利益を上げている。

以上のような犯罪活動のほかにも、ウクライナ・マフィア組織は、クリミヤ沿岸部での密漁も手掛けるなど、幅広い犯罪活動を展開している。

ウクライナ・マフィアが行っている人身売買の被害者のなかでも、ウクライナ人女性は、他国での売春や不法労働のために売買されている。ウクライナ内務省の統計によると、ソ連崩壊後数十万人ものウクライナ女性が密売買されたという。しかし、正確な数は不明である。密売買先はバルカン諸国、欧州連合（ＥＵ）諸国、米国、イスラエルなどである。密売買された女性の他国への移送では、人身売買をカモフラージュさせるため、旅行会社などが使用される。

一方の密売買される女性たちは、広告や結婚相談所、またはウクライナを人身売買のために行き来する斡旋業者によって補充されているのである。

ウクライナの人身売買組織は、典型的なマフィア型の組織と、緩い連合体による組織がある。マフィア型の組織は、多くの国に人身売買組織のコネクションを有し、高度な階層制度がある。驚くべきことに、人身売買組織の約七割のリーダーは女性が占めている。

一方緩い連合体による組織は、女性の人身売買を、売春を目的とする犯罪ネットワークの需要から行って、この種の組織は、麻薬密売、賭博、資金洗浄など様々な犯罪も行っている。

ところで、ウクライナ・マフィア組織はとくに暴力的性格が強く、殺人の請負（暗殺）も行う。ウクライナの犯罪組織によって殺害された犠牲者は、次のカテゴリーに区別することが出来る。

①マフィア組織の影響力の浸透、コントロール、ゆすりに抵抗した企業。
②借金を返済しない企業家、或は特定の市場の独占を巡りマフィア組織と争っている企業家。
③犯罪活動に従事しており、将来、組織や闇社会にとって邪魔な存在となり得る政治家や官僚。
④特定の市町村や特定の経済活動における、マフィア組織の支配を排除しようとする地方の官僚や治安関係者。
⑤マフィア組織などの活動を暴露する恐れのあるジャーナリスト。
⑥敵対するマフィア組織の構成員。

このようにウクライナのマフィア組織によって殺害される人物は、敵対する企業家やマフィア組織の構成員、組織の脅威となり得る人物、組織とっての邪魔者である。また、組織の要求を相手に沈黙させるために殺害される人物である。

3　欧州連合（EU）における移民とマフィア組織

（1）　密入国者の斡旋

ユーロポールは、組織化された不法移民を、〝欧州連合（EU）加盟国の規則や条件に反するにもかかわらず、金銭的目的で、故意に欧州連合（EU）圏内への入国、欧州連合（EU）圏で居住や就労することができるように支援する活動である〟と定義している。通常、この種の犯罪は比較的低いリスクで、多額の収益をあげることが可能である。

国際移民組織（IMO）によると、欧州へ入国するためにマフィア組織に対し、不法移民一人当たりが支払う金額は、北アフリカからスペインへは、二〇〇〇―三〇〇〇ドル、中国大陸から欧州へは、一万―一万五〇〇〇ドル、トルコからギリシアへは一四〇〇ドル、ギリシアからフランス、イタリア、ドイツへは、八〇〇―一二〇〇ドルが各々支払われている。また、国際移民政策開発センター（ICMPD）によると、国際マフィア組織は、欧州連合（EU）圏へ密入国者を入国させることによって、年間約四〇億ユーロの収益を上げているのである。

（2）　不法移民と文化コミュニティー

ユーロポール（Europol：欧州刑事警察機構）によると、不法移民を密航させる国際マフィア組織は、欧州連合（EU）諸国においてすでに文化コミュニティーが形成されている国からの移民を斡旋することが多いと報告されている。不法移民の潜入目的地において、すでに特定国の移民が多く居住している場合、その国の国民が、その移民の存在を認知していることが多いのである。そのため、仮に、不法移民が潜入し、一度社会に潜り込めば、移住先の国民は、正規移民か不法移民かを区別することは困難である。また、マフィア組織に支援を求める多くの不法移民は、移住先に家族や友人などが居住している場合が多いのである。

（3）不法移民の輸送ルート

二〇〇七年、不法移民が欧州連合（ＥＵ）諸国へ入国する経由地として使用されているブルガリアとルーマニアが欧州連合（ＥＵ）に正式加盟した。

このように、欧州連合（ＥＵ）圏が東へ拡大することによって、マフィア組織がさらに多くの不法移民を欧州連合（ＥＵ）圏内に流入させることに拍車をかけている。現在、欧州連合（ＥＵ）圏内において最も多い密入国者の出身地域は、①バルカン地域、②ロシア連邦、③中国、④イラクやサハラ砂漠以南のアフリカ諸国、⑤インド、パキスタンおよびアフガニスタンなどがあげられる。マフィア組織は、密入国者が目的地に潜入するまで常に当局の監視を逃れて移動させなければならない。そのために彼らは、犯罪ネットワークを駆使して密入国者の輸送ルートを確立しているのである。現在確認されている欧州連合（ＥＵ）圏への密入国者の主な輸送ルートは、①東地中海ルート、②北アフリカルート、③バルカンルート、④西アフリカ大西洋沖ルート、⑤中・東欧ルート、⑥バルトルートなどがある。

なお、欧州連合（ＥＵ）諸国への移動ルートには、欧州連合（ＥＵ）圏との国境に到着するまでモスクワ、キエフおよびイスタンブールなど多くの経由地が使用されることが多い。また、密入国者の輸送ルートと麻薬密輸入ルートが同じなので、マフィア組織は、密入国者と麻薬輸送を同時に行うようになっている。最近では、密入国者の輸送や麻薬の密輸入を容易に行うため、マフィア組織自らが運送会社を経営するケースが増えている。

第４節　不法移民の目的国への潜入手段

1　偽変造旅券による入国

もっとも簡単に欧州連合（ＥＵ）諸国に潜入する方法の一つに、偽変造旅券を使用するケースがある。各国の国境

写真3-1　カナリア諸島に漂着した不法移民（El Pais 紙）

監視の強化に伴い、高度で高品質の偽変造旅券を使用するマフィア組織が増加している。偽変造旅券の多くは、港湾や空港など、旅券の提示を義務付けられている場所などで発見されることが多い。だが、最近マフィア組織は、プロを雇って本物と見分けがつかないほど、非常に精度の高い偽変造旅券を作成するようになっている。そのため、欧州連合（EU）当局が、本物と偽物の識別をするのがますます困難となっている。大半の不法移民は、欧州連合（EU）域内に入国する際に、他人の身分証明書を所持している。マフィア組織は、不法移民を他国に移動させる場合、盗んだものか、改造もしくは偽変造旅券を提供することが多い。例えば、中国系のマフィアは、中国人を不法入国させる際に、日本人から盗んだパスポートを使用させるケースが多い。欧米人から見て日本人も中国人も区別ができない。そこで日本人のパスポートが偽変造旅券作成のための標的になっているのである。中国系マフィアは、地元の犯罪組織と連携して日本人出張者や観光客の旅券を奪って偽造するのである。

2　小船やコンテナ船による輸送

密入国者の欧州連合（EU）圏への入国の斡旋方法は複数存在している。比較的低リスク、低コストで潜入する方法の一つとして、**写真3－1**のように小船やコンテナ船でアフリカから地中海沖を渡って欧州連合（EU）圏内に上陸するケースが増加している。特に、アフリカ諸国から欧州連合（EU）諸国へ小船で上陸するケースが目立っている。その主な例としては、モロッコからスペイン、シリアやチュニジアからイタリアに入国するルートがあり、頻繁に利用されている。その際、麻薬などの密輸入も同時に行われることが多く、密入国者の中にテロリストが潜伏しているケースも考えられるが、大勢の密入国者の中から、テロリストを特定するのは極めて困難である。

こうした小船やコンテナ船を用いた入国方法は、偽変造旅券による入国よりもリスクや刑罰が軽いためテロリストの欧州連合（EU）圏への潜伏方法として利用されることが多くなっている。ちなみに、小船やコンテナ船などによる潜入は、発見された場合、出身国へ送還されるだけで済み、再び入国を試みることが可能である。しかし、空港などで偽変造旅券が発覚した場合は、厳しく罰せられるのである。

3　ダミー会社の設立と不法移民

最近、偽装結婚や合法的な活動を通して密入国者を入国させる手口も増えている。国際マフィア組織（特にロシア系や中国系）が、密入国者を先進国へ入国させるために「結婚斡旋相談所」や「旅行代理店」などを直接経営していることが多い。インターネットの普及が進み、こうした相談所を通して恋人や結婚相手を探す人たちが増えている。インターネットを使用して、先進国の国籍を所持している人をターゲットにして、結婚詐欺を企むマフィア組織も増えている。また、合法的な旅行代理店を経営することによって、先進国に入国するために必要な書類等を容易に確保することが可能になる。例えば、ロシア人が先進国へ出国する際、相手の国に居住する人や団体などからの招待状が必要となる。その場合、マフィア組織は、国際犯罪ネットワークを駆使し旅行の目的地から容易に偽の招待状を入手することができる。そして偽の招待状やホテルの予約など偽造書類をもとにしてビザを取得するのである。また、入国先にある領事館や大使館の職員などに賄賂を渡し、必要書類の発行に協力させるケースもみられる。

写真3-2　スペイン・カナリア諸島の不法移民収容所（EL Pais紙）

4　その他の手段

前述したように、不法移民の中で最も多いのが、比較的容易に入手できる観光ビザや学生ビザで目的国に入国し、滞在許可期限が切れた後も引き続き滞在するケースである（オーバーステート）。通常、語学留学の場合は、留学先の語学学校で発行する入学証明書と滞在先の住居証明などの提示を求められる。英国のマフィア組織は、学生ビザを容易に確保するため、自ら語学学校を設立し、密入国者を受け入れて摘発されている。密入国者は、語学学校で語学を習得するという口実で学生ビザを取得した後、学生ビザで目的地に入国し、ビザの期限が切れた後も滞在するのである。

第5節　スペインにおける不法入国問題

最近、粗末な小船でスペイン領カナリア諸島に密入国するアフリカ人が急増している。最も多い年で年間三万人以上も密入国している。**写真3－2**は、カナリア諸島において、不法移民が収容されている様子である。さらに、国際赤十字社によると、セネガルには現在、一〇万人以上のアフリカ人がカナリア諸島へ密入国しようと待機しているという。

こうした密入国者の欧州連合（EU）への入国は、マフィア組織の支援によるものが大半である。国連の報告書によると、マフィア組織は、スペインへの密入国の支援によっておよそ二三億ユーロの収益を上げているのである。

これに対し、スペイン政府は、①巡視艇二隻とヘリコプター一機による海上の監視強化、②密入国者増加の最大の原因といわれるアフリカ地域における貧困削減のために、政府援助資金（ＯＤＡ）（二〇〇七年度の予算は、約一三億ユーロ）の増額などによって対応している。

スペインの法律によると、一八歳未満の未成年の密入国者の本国送還を禁じているため、そのままスペイン国内に在留することになる。そして九カ月間の保護観察後、すぐに居住権を獲得することができるのである。そのため近年、未成年の密入国者が急増しているのである。

スペインの「ラ・ラソン紙」によると、マフィア組織は、これまでに五〇〇〇人以上の未成年者をスペイン国内に密入国させているという。マフィア組織は、スペイン国内において、厳罰を逃れることができ、容易に犯罪行為ができる未成年移民を活用することが多くなっている。これに対しスペイン政府は、未成年者に対する刑罰を重くするための法改正などに踏み切っている。ちなみに、一四―一七歳までの未成年者による犯罪件数が激増している。

第6節　強制連行と人身売買

欧州連合（ＥＵ）諸国内で不法労働をさせる目的で密入国者を欧州連合（ＥＵ）諸国に入国させるケースが増えている。通常は、密入国者が自分の意思でマフィア組織にお金を支払って欧州連合（ＥＵ）諸国へ入国するが、自らの意思ではなくマフィア組織によって、人身売買や不法労働の目的で、欧州連合（ＥＵ）諸国へ強制的に入国させられるケースもある。また、自らお金を支払って欧州連合（ＥＵ）諸国への入国支援を依頼した者の中に、マフィア組織によって入国後に不法労働を強いられるケースもある。

多くの密入国者は、出身国を出国するときに、マフィア組織と密航契約を結んで要求された金額を支払わなければならない。しかし、ほとんどの密航者は支払い能力がないためマフィア組織から月一〇％以上の金利で借金し、毎月支払う約束をする。密航者はマフィア組織の監視下に置かれ、与えられた不法労働（大半は密航者の年齢や性別に関係なく働くことのできる大都市のバーでの花売り、縫製工場での作業、レストランでの皿洗いなど）に従事して借金を返済するのである。

ところで、密入国者の中には、やっとの思いで欧州連合（ＥＵ）圏内に入国しても、簡単に仕事が見つからず、生活のために、否応なしに犯罪に加担してしまうケースが増えている。

1　犯罪組織による子供や女性の被害

近年、ブルガリア・マフィアやウクライナ・マフィアが欧州連合（ＥＵ）諸国の地元のマフィア組織と連携して、売春行為やインターネットを通して未成年の女児のワイセツな映像を有料で配信したりして多額な収益を得ている。こうした性犯罪の被害に遭っているのがマフィア組織によって中・東欧から強制的に西欧諸国に送り込まれている成人女性と未成年の女児なのである。

なお、西欧諸国に送り込まれた子供の中には養子として売買されるケースもある。ロシア下院によると、過去一〇年間で四万五〇〇〇人のロシア人の子供が国外で養子にされている。さらに、毎年、一〇〇万人以上の子供がマフィア組織の被害に遭っており、その収益は一〇億ユーロに達するといわれている。

2　欧州連合（ＥＵ）における強制売春の実態

欧州連合（ＥＵ）諸国でマフィア組織の被害者になる女性は、主にモルドバ、ウクライナ、ブルガリア、ルーマニア、ロシア、アルバニアなどの出身者である。また、アフリカ（ナイジェリア）やアジア（中国、タイ）出身の女性も多くなっている。被害者の出身国は、欧州連合（ＥＵ）諸国に比べ生活水準や経済状態も悪く、被害者の中には貧困に陥っている者も多い。そのため、多くは、マフィア組織に、欧州連合（ＥＵ）でお金が儲かるいい仕事があるなどと、騙されて送り込まれることが多い。その他、誘拐や恐喝など強制的に連行されるケースもあり、マフィア組織によってレイプや虐待などを受けることが多いのである。

このような女性は、オーストリア、ベルギー、フランス、ドイツ、ギリシャ、イタリア、オランダ、スペイン、英国などセックス産業が盛んな国に連行され、これらの国の酒場、ナイトクラブ、売春宿、アパート、路上などで売春を強制されるのである。

国連の資料によると、マフィア組織は、不法移民の強制連行および不法労働によって、年間七〇―一〇〇億ユーロの収益を上げているという。また、イタリアでは、毎年五〇〇〇人以上の女性が同様の被害に遭っているが、これによってマフィア組織は、三億八〇〇〇万―九億五〇〇〇万の収益を上げているという。

こうした犯罪は、低リスクで高収入を稼ぐことができるため、多くのマフィア組織が関与することが多い。そのため、欧州連合（EU）当局は、捜査や取締まりを一層強化しており、ギリシアで、違法商売ネットワークが摘発され、現金一万八〇〇〇ユーロおよび銀行預金二八万ユーロが押収されている。また、英国においても、リトアニアから英国に連行され、強制的に売春を強いられていた多くの女性が英国当局によって解放されている。

3　欧州連合（EU）諸国で増加する売春婦

マフィア組織の活動が活発になり、セックス産業が発達している西欧諸国において、売春婦の数が増加している。特にスペインは、欧州においてセックス産業が最も盛んな国の一つであるが、現在、国内には推定で三〇万人の売春婦がいるといわれ、そのうち八割以上が外国人売春婦で占められている。これらの売春婦の中には、自発的に売春をしている者も含まれているので、すべての売春婦がマフィア組織と関係があるわけではない。しかしながら、西欧諸国において、マフィア組織と何らかの関係のある女性たちは、常にマフィア組織の監視下に置かれ、収益のノルマが課されている。

被害者の女性たちが逃亡したり、マフィア組織の命令に従わなかったりした場合は、出身国にいる家族の身が危うくなるのである。

第7節　不法移民増加に伴う治安の悪化

欧州連合（EU）において不法移民の増加によって生じる最も深刻な問題の一つは、国内における治安の悪化である。治安の悪化は、移民が移住先で差別される原因の一つになっているのである。彼らは、法的な保護はなく、その大半は教育水準も低く、非識字者も少なくない。したがって、入国先において、失業もしくは低い賃金で働かされることが多い。さらに、社会保障に加入していないことから、失業手当、教育や医療サービスなどが受けられないのである。そのため、彼らは慢性的貧困に陥る傾向が高いのである。正規の移民でも、受け入れ国における人種差別などによって就労の機会が少なく、不法移民と同様の問題を抱えることが多い。失業や貧困に苦しむ者は、生活のためマフィア組織に加担し、犯罪に手を染めなければならない場合もある。しかしながら、移民が犯罪を起こすことによって、社会からより一層の差別を受け、疎外されることになるのである。また、移住先の社会からの排他などによって、移民が特定の地域に集中することが多い。特定の地域において、移民コミュニティーの形成は、現地社会からの孤立を促進させることに繋がる。さらに、密航の斡旋、麻薬取引、移民向けの商売などを通して、マフィア組織が移民コミュニティーを支配するようになる。その結果、移民が多く居住する地域では、麻薬取引、窃盗、放火などの犯罪が増加し、人々が敬遠するようになっているのである。

1　フランスにおける移民と治安問題
――パリ郊外の治安情勢――

治安問題は失業問題同様に、フランス国民が最も懸念している社会問題の一つである。日本において、フランスの治安問題のほとんどが移民によって引き起こされているようなイメージが強い。

フランスにおける犯罪者数は年間五〇万人以上であるが、そのうち、八六％がフランス人であり、外国人犯罪者は全体の一四％だけであった。だが、外国人の人口はフランスの総人口の約六％を占めており、相対的に見た場合、外国人の犯罪率はフランス人よりもかなり高いのである。また、フランスにおいては、多くの移民が居住している郊外において治安が悪化しているのである。

二〇〇五年一〇月末にパリ郊外において移民暴動が発生した。パリなどフランスの大都市の郊外において犯罪が多発している。その主な理由として、フランスの犯罪学者は、①大都市の郊外にはシングルマザーや離婚した家族が多く住んでいる、②アルコール中毒者が多い、③区域において人の出入りが激しい、④ＨＬＭ（Habitation à Loyer Modéré：低賃金者住宅）などが多い、⑤暖房やトイレなどの設備のない劣悪な住宅環境、⑥政府から社会保険の給付を受けている者が多い、⑦他の地域との経済格差が存在している、⑧失業率が他の区域よりも高い、⑨外国人移民、特にマイノリティーが集中している、などをあげている。このように大都市の郊外には、経済的な問題や社会的な問題を抱えた人たちが多く居住していて、社会からの疎外や人種差別を受けているのである。そして、自分たちの生活環境が劣悪なのは、国の制度や政策が悪いからであると考え、公共の建物の破壊や警察に対する暴力事件などの犯罪を引き起こしているのである。

ところで、外国人移民が多く居住する地域において犯罪が増加する大きな理由の一つとして、マフィア組織との関連があげられる。前にも述べたが、移民コミュニティーがマフィア組織の標的になることが多くなっている。尚、移住先において移民が移住国の社会に同化していない場合、その傾向は強くなる。特に、社会からの差別や疎外され、絶望感を抱いている若者がマフィア組織に加わることが多いのである。現在、多くのマフィア組織は、このような若者をターゲットにしているのである。また、マフィア組織は、若者たちの犯罪行為の影に隠れ、フランス当局の目から逃れているのである。さらに、マフィア組織は、若者などを使った麻薬取引や集団密航の斡旋などを行

図表3-1　フランスにおけるマフィア組織の活動

麻薬取引	武　器	売　春	窃　盗	書類の変造	人身取引	マネーロンダリング
マグレブ系 ナイジェリア系 中国系 トルコ系 イスラム原理主義	ロシア系	ナイジェリア系 中国系 アルバニア系	ブルガリア系 ルーマニア系 マグレブ系	中国系	中国系 アルバニア系 コソボ系	イタリア系 ロシア系 中国系

出所：Omicron.

いコミュニティーにおいて影響力を持つようになっている。そのうち特に、パリ郊外などでは、モロッコ系マフィア組織の関与が目立っている。モロッコは、欧州最大の大麻供給国である。ちなみにモロッコには、フランスの植民地時代からの大麻文化が存在し[2]、現在も、大麻の栽培によって生計を立てている貧困者が多いのである。また、パリ郊外には、差別などを受け、教育における挫折や失業問題で精神的なダメージを受けているモロッコ系移民の二世や三世の若者が多く居住している。マフィア組織は、こうした若者に警察官の襲撃、車両やゴミ箱の放火などの犯罪を引き起こさせているのである。

図表3－1はフランスにおけるマフィア組織の活動内容を示したものである。これによると、フランスでは、モロッコ系マフィア組織以外にも多くのマフィア組織が幅広い犯罪活動を展開していることがわかる。中でも、イスラム系過激派グループによる活動が顕著になっている。

近年、フランスのパリ郊外における犯罪が急増している。二〇〇五年秋にパリ郊外で発生した移民暴動後、依然として郊外において多くの犯罪が発生している。このうち最も多い犯罪は、車両やゴミ箱の放火である。フランスの都市部において、二〇〇五年に四万五五八八の車両が放火されている。こうした事件は二〇〇六年になっても発生しており、同年一―六月のわずか半年間で、二万一〇一三台の車両が放火されている。また、近年ではパトロール中の警察官が、若者の集団に襲われる事件が多発しており、二〇〇六年一〇月一三日にパリ郊外をパトロール中の警察官二名が鉄棒や石などで武装した若者の集団に襲撃されている。これによって、警察官一名が失明寸前

図表3-2　スペインで活動している主な国際マフィア組織

出身国	スペイン国内での活動都市	主な犯罪内容
コロンビア	マドリード，バレンシア，バルセロナ，ポンテベドラ	麻薬取引（コカイン） マネー・ロンダリング
モロッコ	バルセロナ，カナリア諸島，セウタ，マラガ，メリーリャ	麻薬取引，密航請負
ルーマニア	パンプロナ，バレンシア	密航請負
エクアドル	バルセロナ，バレンシア	密航請負
イタリア	カナリア諸島，マドリード	マネー・ロンダリング
フランス	バルセロナ，マラガ	通貨偽造，強盗
ロシア	アリカンテ，マラガ	売春，麻薬
英国	バルセロナ	麻薬取引
トルコ	マオリー	強盗，人身売買

出所：Cuerpo Nacional de Policia.

の重傷を負っている。事件後、現場に散乱していた犯人の食べ残しピザからDNA鑑定を行い、一七―二一歳の若者八名を検挙している。

このように、ますます犯罪が増加していることから、フランス当局は、二〇〇五年秋に暴動が発生したパリ郊外で、二〇〇六年の一月―一〇月の間に一〇八三件に及ぶ不審尋問を行った結果、大麻七二二キロ、コカイン一・五キロ、ヘロイン一四・三キロなどの麻薬のほか、銃器四九丁と車両一六二台などを押収し、三〇〇〇人以上を逮捕している。

2　スペインにおける不法移民と治安問題

二〇〇六年一〇月、スペインの首都マドリードの繁華街グラン・ビアで殺人事件が発生した。宝石店の店主が、店から出るところを待ち伏せていた外国人に襲撃されたのである。犯人の目的は店の宝石だったが、店主が犯人に抵抗したため、銃で殺害されてしまったのである。近年、スペインで、こうした外国人による凶悪事件が多発している。二〇〇六年の一月から九月にかけて、マドリードだけで、四〇軒の宝石店が襲撃されている。現在、スペインの刑務所に収監されている八〇％の受刑者はアラブ系を中心とした外国人である。スペインは、約四〇年前までフランコ総統による独裁政権下にある。

図表3-3　スペインにおける外国人による犯罪事件（2004年）

出身国	殺　人	傷　害	強　盗	性的暴行	麻薬取引	犯罪総数
アルジェリア	14	108	1,923	51	284	5,649
ナイジェリア	4	39	110	42	131	2,110
モロッコ	96	969	4,906	432	2,492	21,875
ルーマニア	42	307	3,065	441	79	12,363
中　国	20	27	31	20	1	2,110
ドミニカ共和国	26	104	183	24	112	8,248
エクアドル	56	576	1,185	295	53	9,072
コロンビア	43	227	696	100	681	4,431
ペルー	1	88	129	34	13	1,365
英　国	22	187	244	72	191	2,658

出所：スペイン内務省，EPOCA.

あった。その間、厳重な監視が敷かれていたのでほとんど犯罪が発生することはなかった。しかしながら、近年、スペインにおいて犯罪が増加している。特に、移民の増加にともなって、外国人による犯罪が多発するようになったのである。

図表3－2はスペインで活動している主な国際マフィア組織の出身国、スペイン国内における活動都市、主な犯罪の種類を示したものである。これによると、コロンビア・マフィアの進出が目覚ましく、コカインの密売の拡大を図っている。隣国のモロッコ系マフィアは海岸沿いの中堅都市に

写真3-3　スペイン当局がマフィア組織から押収した銃器類

出所：スペイン検察庁ホームページより.

拠点を築き、麻薬取引とアフリカからの密航請負業を行っている。

図表3－3は二〇〇四年における外国人による犯罪を示したものである。これによると、犯罪の多くは窃盗など軽犯罪である一方、殺人事件など重犯罪もかなり多いことがわかる。また最近では、速攻誘拐、一戸建て住宅への押し入り強盗や宝石・銀行強盗などの犯罪も増加している。このような、凶悪犯罪の多くは国内の大小六〇〇のマフィア組織が関与していることが多い。スペインでは、国内各地において当局によるマフィア組織の摘発が行われている（**写真3－3**を参照）。

（1）速攻誘拐事件

速攻誘拐（secuestro express）は、現在スペイン全土で発生している深刻な犯罪である。特に、バルセロナ、マドリードやバレンシアなどの都市部及びマラガなど南部の観光地域で頻繁に発生している。速攻誘拐は、誘拐から人質が解放されるまで短時間で実行される誘拐犯罪である。通常、この手の犯罪は、二－三人の少人数で実行され、二－二十四時間で解決されることが多い。また、身代金も通常の誘拐事件に比べて低額である。速攻誘拐は、コロンビア、ベネズエラ、メキシコやアルゼンチンなどの中南米諸国では日常に発生している犯罪である。ちなみに、メキシコでは、一日七〇－八〇件の速攻誘拐が発生しているといわれている。

スペインには中南米諸国から大勢の移民が流入しているが、速攻誘拐は、二〇〇〇年頃に中南米出身者が持ち込んだ犯罪形態である。移民の出身地における社会や生活環境が移民に与える影響は大きいのである。速攻誘拐は、標的にされた者が車に乗り込もうとする時に襲われるケースが多く、犯人に拘束されて、クレジットカードや現金を強奪される。その後、銀行のＡＴＭまで連行されて現金の引き落としを強要されるのである。さらに、誘拐犯は被害者を人質に取り、その家族に身代金を要求するが、抵抗したりしない限り殺害されることはない。ただ、身代金の支払を拒否したり、身代金を渡す時間が遅れたりした場合、人質が殺害されることがある。したがって、無駄な時間を掛けることは許されず、警察などに協力を依頼することも困難なのである。速攻誘拐がよく発生する場所としては、エレベーター、ガソリンスタンド、ショッピングセンターやアパートの地下駐車場、事務所や銀行から出た所を待ち伏せされるのである。

二〇〇六年五月九日の朝、会社員の男性が出勤途中、自宅の駐車場で襲われている。中南米出身の外国人三人が、男性が現れるのを外で待ち伏せしていたのである。そして、男性が車に乗る直前にピストルで脅し、クレジットカードや現金を奪っている。その後、被害者を束縛したまま、カードでATMから七〇〇ユーロの現金を引き落としている。ちなみに、この事件が発生したマドリードのモラタラスという町では、中南米系犯罪グループによって、二週間の間に四件の速攻誘拐事件が起きている。スペインでの速攻誘拐は、当初、主に富裕者とその家族が狙われることが多かったが、最近では、普通のサラリーマンや主婦が標的にされるようになった。また、二〇〇六年五月一五日には、一九歳の大学生が自宅へ帰宅途中に、マドリードの大通り〝パセオ・デ・ラ・カステジャーナ〟で身柄を束縛されている。被害者の若者は犯人の車に押し込められ、現金とクレジットカードを奪われている。現在、スペインでは、中南米諸国同様に、どんな場所においても事件に遭遇する可能性がある。ちなみに、著者のベネズエラ人の友人の姉も、ベネズエラで速攻誘拐にあったことがある。誘拐された友人の姉によると、彼女は計画的に誘拐されたのではなく、偶然その場所を通りかかって襲われたのである。

「ヴァングアルディア紙」によると、スペインでは、毎年約一〇〇件の誘拐事件が報告されている。しかしながら、すべての被害者から報告されておらず、実際の発生件数は報告されているよりも三〇％以上あると推定されている。

(2) 一戸建て住宅への押し込み強盗事件

一戸建て住宅を狙った強盗事件は、留守宅で多く発生している。留守宅では、人目につかず警察などに通報されることもなく、容易に物を盗むことができる。しかしながら、現在スペインでは、家主が在宅中に襲われることが多くなっている。つまり、誰か在宅していることにより、家の金庫の中の貴重品、家主が所有しているクレジットカード、銀行カードと暗証番号を聞き出すことができる。そのため、留守宅に侵入するよりも、多くの金品を手に入れることができるのである。こうした押し込み強盗の犯人は、通常、銃器で武装した三人―五人組のグループで、東欧や中南米出身者が多い。彼らは侵入しようとする住居の門を壊すために棍棒、斧や水力ジョッキなどを使用する。犯人は、目的の家に侵入後、中にいる家主から金品を強奪する。その際、家主が犯人に抵抗して殺されるケースも多い。さらに、期待していた金品を手に入れられない場合は、主人を人質に取り、近くの銀行で口座に預金されているすべての現金を引き落とさせるのである。スペイン当局によると、押し込み強盗は、郊外や新興住宅地区など警察官の目が行き届かない場所で発生することが多いという。また、犯人は、押し込む家を事前に下見をせず、その場で犯行に及ぶことが多いので、家のセキュリティーが万全でない無防備な住宅や高級車が駐車してある家が狙われている。

スペイン保険協会の報告書によると、スペインでは、年間平均四二万五〇〇〇件（マドリード自治区の遠隔地域においては、一カ月平均二七〇〇件）の押し込み強盗が発生しており、そのためにセキュリティー関連業界の業績が急速に伸びている。ちなみに、セキュリティー関連業界の総売上高が年間六億ユーロに達している。

こうした事情を踏まえて、スペイン当局は現在、警察官の増員や住宅地区における日常のパトロールの強化などを図っている。

3　ドイツにおける移民と集団暴行犯罪

二〇一五年一二月三一日夜、観光名所で知られるケルン大聖堂に面した中央駅前の広場で性犯罪や窃盗が一〇九二件発生した。ドイツ検察当局によると、そのうち四七一件はワイセツ行為、などの性犯罪であり、六二一件は窃盗犯罪であった。容疑者七八人の出身国は、モロッコ人が三〇人で最も多く、次いでアルジェリア人の二七人、その他イラク人三人、チュニジア人三人、シリア人三人、モンテネグロ人一人、リビア一人など、北アフリカや中東出身者の不法移民と難民申請者であることが明らかになった。この事件を機に、ケルンには難民排斥を訴えるデモ隊役一七〇〇人が集結し、パキスタン人やシリア人が暴徒に襲われ軽傷を負った。

この事件はドイツ社会に大きな衝撃を与え、ドイツの難民政策の転換点になるとの見方が出ている。ちなみに、ドイツの寛容な難民受け入れの背景には、ナチス・ドイツによるユダヤ人虐殺の歴史的な経験がある。

注

(1) 国によって定義が異なることがある。ここで用いているのはスペインのケースである。

(2) モロッコにおいて大麻文化が広がり始めたのは一九世紀終わり頃である。フランスの保護下、フランス資本が大量に投じられた結果、モロッコで大麻が大量生産されるようになった。その後、一九二五年のジュネーブ協定で大麻は麻薬として認定されるようになった。しかしながら、モロッコにおいて大麻生産が中止されることはなく、現在も大規模な生産が続けられている。現在、モロッコでは毎年三〇〇〇トン以上の大麻栽培が行われており、それらの大麻は、モロッコ系マフィア組織により欧州に密輸入されているのである。また、欧州において取引されているモロッコ産の大麻は、推定総額一〇〇億ユーロに達している。

第4章

イスラム系移民とテロリズムの脅威

――欧州連合（ＥＵ）で存在感を増すイスラム教徒――

9・11テロ事件の実行部隊の責任者であったエジプト人のモハメド・アタ容疑者（自爆）がドイツのハンブルグに住まいを構えていたという事実から、欧州の人たちはイスラム教徒の移民に対し、テロの脅威を抱くようになった。二〇〇四年三月のマドリードにおける列車同時爆破テロ事件および二〇〇五年七月のロンドンでの地下鉄爆破テロ事件に続いて、二〇一五年一月にパリで起きたシャルリー・エブド編集部襲撃事件および同年一一月の同時多発テロ事件のように、実際に恐れられていたテロ事件が欧州内で頻繁に起きるようになった。そして、これらのテロ事件後も欧州各国において多くのテロ未遂事件が発生しているのである。

本章では、一連のテロ事件に関与した欧州各国に居住しているイスラム系移民の実態とテロの脅威について概観してみる。

第1節　主要欧州連合（ＥＵ）諸国におけるイスラム系移民の増加予測数

図表4－1は主要欧州連合（ＥＵ）諸国における二〇一〇年度イスラム教徒人口（概算）および二〇三〇年度予想イスラム教徒人口数を示したものである。これによると、英国の場合、二〇一〇年度のイスラム教徒数（概算）の二八六万九〇〇〇人が二〇三〇年には二六九万八〇〇〇人増えて五五六万七〇〇〇人と、域内で最も増加率が高くな

図表4-1　2010～2030年における主要EU諸国のイスラム教徒数（人）

国名	2010年度 イスラム人口（概算）	2030年度予想 イスラム人口数	2010～2030年 増加予測数
英　国	2,869,000	5,567,000	2,698,000
フランス	4,704,000	6,860,000	2,156,000
イタリア	1,583,000	3,199,000	1,617,000
ドイツ	4,119,000	5,545,000	1,426,000
スペイン	1,021,000	1,859,000	838,000
スエーデン	451,000	993,000	542,000
ベルギー	638,000	1,149,000	511,000
オランダ	914,000	1,365,000	451,000
オーストリア	475,000	799,000	324,000

出所：Population estimates are rounded to thousand
Pew Research Center's Forum on Religion & Public Life
"The Future of the Global Muslim Population," January 2011.

ることが予想されている。また、フランスの場合も二〇一〇年度のイスラム教徒数（概算）が四七〇万四〇〇〇人なのが二〇三〇年には、二一五万六〇〇〇人増えて六八六万人と域内最大のイスラム教徒人口を抱えることが予想されている。さらに、ドイツの場合は、二〇一〇年のイスラム教徒数（概算）四一一万九〇〇〇人が二〇三〇年には一四二万六〇〇〇人の増加が予想されていて四一一万九〇〇〇人となることが予想されている。

このようにEU加盟国全体で年々増加することが予想されており、同時にフランスのみならずドイツなどEU域内での反移民・反イスラム運動や極右勢力の拡大が予想されている。

第2節　欧州連合（EU）におけるイスラム教徒の実態

二〇—二一世紀にかけて、欧州地域ではイスラム教徒が急増した。欧州においてイスラム人口が増加した最大の要因は、第二次大戦後、イスラム教徒が多い旧植民地国から欧州諸国へ移民が流入したためである。例えば、パキスタンから英国へ、インドネシアからオランダへ、マグレブ諸国からフランスへと多くのムスリムが移住した。また、トルコからドイツへ、モロッコからスペインなど、イスラム諸国と地理的に近い理由からイスラム系移民が増加した大きな要因となっている。

スペインには、全人口の二・五％を占める一三一万人のイスラム教徒が住んでいるが、このうちモロッコなどの海外からの移住者が七〇％を占めており、残りはスペイン生まれである。これらのイスラム教徒を州別人口でみると、最も多いのがカタルーニア州の三二万七〇〇〇人（モスク数一九〇カ所）、次いで、マドリードの二二万人（同六八カ所）、アンダルシア州の二〇万七〇〇〇人（同七二カ所）、バレンシア州の一四万八〇〇〇人（同六三カ所）と続いている。

なお、一九九五—二〇〇八年までの間にスペイン全国においてイスラム教徒による紛争が六〇件以上も起きている。

1　欧州連合（EU）における宗教に対する認識の違い

欧州連合（EU）各国は、憲法によって信仰の自由を認めていることから、雇用契約を結ぶ際の履歴書や学校、官庁などに提出する書類に信仰している宗教を記述させることを原則として禁止している。そのため、欧州におけるムスリム人口を統計学的に正確に把握することは困難なのである。こうした事情から、域内におけるムスリム人口は、イスラム諸国から欧州へ移住している移民数から推定されている。しかしながら、この統計には、①イスラム国からの移民だからといって必ずしも全員イスラム教徒とはかぎらない、②イスラム教徒への改宗者や移民の二世および三世などの欧州市民が含まれていない、などの問題が指摘されている。

現在、世界中におよそ九億九〇〇〇万人のイスラム教徒がいるが、一九七〇年以降欧州諸国においてイスラム・コミュニティーが急増した。欧州諸国には推定で一六〇〇万人のイスラム教徒が居住しているといわれている。ただし一説では、その数が二七〇〇万人にも達しているという。これを国別に見ると、フランスが四二〇万人で最も多い。フランスには、マグレブ、アラブ、アフリカ諸国やトルコから多くの移民が移住しており、イスラム人口は、総人口の約一〇％（五九八万人）を占めている。また、ドイツにはトルコ系イスラム教徒を中心に約三〇八万人が居住している。さらに、英国におけるイスラム教徒は、パキスタン系移民を中心に、二一〇万人が居住している。そのほか近年、イタリア（一三七万人）やスペイン（八〇万人）においてイスラム人口が増加している。

欧州におけるイスラム人口の増加と並行して増えているのが、モスク建設である。現在ドイツ、フランスでそれぞれ二〇〇〇以上、英国でも一五〇〇のモスクがあるとされる。これより少ないがイタリア、スペイン、スイスでも各二〇〇―七〇〇程度のモスクがあり、近年、新規建設が増えるにつれ反対意見が目立ってきた。スイスではモスクに付属するミナレット（Minarett：尖塔）が目立ち始めるにつれ、国内に「ミナレット・ストップ委員会（Comite Stopp Minarett）」が結成され、それを象徴的に排斥しようという動きが噴出し、二〇〇九年一一月末に実施された国民投票で新たにミナレットの建設を禁じる憲法改正案が五七・五％の賛成を得て可決された。ちなみにスイスでは、イスラム教徒が全人口七八〇万人の四・三％を占めている。

一九九〇年代の欧州では都市部に大きなモスクがあっても、それを国レベルで排斥する動きは起きなかった。近年のモスク建設は各国で地方も含め広範囲に増える「面の広がり」が出てきたうえ、買収したキリスト教会の跡地に建設しようとする事例などもあって、キリスト教徒が多数を占める各国の宗教観を揺さぶっている。その背景にあるのは、中東やアジアからの移民を中心に構成する欧州のイスラム教徒が世代交代とともに数が増えるだけでなく、民主的な環境の中で権利を主張し始めたことである。イスラムの風俗や習慣が広まるにつれ地元は拒否反応を強め、お互いがそれぞれの思惑で権利を主張し合う堂々巡りに陥っている。

このように、欧州各国においてイスラム教徒に関わる問題が表面化しているが、国によって宗教の認識の違いがあり、イスラム教に対する受け入れ方も異なっている。現在、欧州には宗教の認識に関し、①国教が定められるなど、国において特定の宗教の支配力が強い（英国、ギリシャ、デンマーク）、②中立的な立場にあり、特定の宗教の存在を認めている（ベルギー、オランダ、ドイツ、イタリア、スペイン）、③非宗教的な立場にある（フランス）、の三つのグループに分けられる。

①の場合、ギリシアでは、ギリシア正教が国教として定められているが、憲法によって信仰の自由は守られている。しかしながら、ギリシャ正教教会は、宗教的な建物の建設に関する拒否権を持っている。一方、ギリシャは、トルコと締結した「ローザンヌ条約」の中で、ギリシャ国内におけるイスラム教徒の宗教活動を認めている。しかし、イスラム教の戒律・教義上の問題を裁く法学者は、国によって任命されるなどの制約がある。

②のドイツにおいては、地方によっては政治と宗教の関係が異なる。しかし、一般的に、国家は、カトリック、プロテスタント、モルモン教、正教、ユダヤ教の信仰を容認している。しかし、ドイツ社会において、イスラム教を公式に容認することに強い反発があり、エホバの証人やイスラム教の信仰は、正式には認められていない。

③のフランスは非宗教国家であり、宗教が国家に与える影響力は少なく、教会も何の政治的影響力を持っていない。

このように、各国が宗教に対し異なった認識を持っているため、国によってイスラム教に対する対応が異なる。しかし、すべての国において信仰の自由が認められていることから、欧州においてイスラム教を信仰することによって問題が生じることはないのである。

■フランスでイスラム教徒の校内でのスカーフ着用を禁止
――ベルギー、オランダ、スペインでも禁止法案を可決――

しかしながら、フランスで二〇一〇年九月中旬、イスラム教徒の女性が顔や体を覆う衣装「ブルカ（BURKA）」（**写真4－1**参照）と「ニカブ（NIQAB）」を学校や一般道路など公共の場での着用を禁止する法律が成立し、新たな摩擦になっている。「ブルカ」禁止法は二〇〇七年の大統領選で極右票を取り込んで当選したサルコジ元大統領肝いりの政策である。違反者には最高一年の懲役と三万ユーロ相当の罰金を科すという厳しさである。二〇一〇年一〇月

写真4-1　ブルカを着用したイスラムの女性
（EL Pais紙）

七日には法律を合憲かどうか審査する機関が憲法違反に当たらないと判断し、お墨付きを与えた。このようにイスラム女性の服装に対し、規制はじわじわ強まっている。二〇一一年には法律で、公の場においてベールで顔を覆うことが禁じられた。政府は「顔を隠して他人を遮断するのは、『自由・平等・博愛』の国家理念にも反する」と主張した。二〇一五年は、スカーフ着用を小中学校や高校だけでなく、大学でも禁止する法案が保守系野党から国会に提出された。

強まる規制の背景には、スカーフやベールを急増するイスラム教徒の象徴とみなす考え方がある。なお、二〇一五年に政府が実施したアンケート調査で、二〇〇四年の「宗教シンボル」禁止法に対する国民の支持率は、移民流入で国民の伝統的な価値観が失われるという危機感が強まったことから、一〇年間で二〇ポイント増となり八五％に達した。

これに対し、イスラム教徒側は「信教の自由」を訴え、反発を強めているが、オランダではセキュリティーの問題で大学構内でのベールの着用を禁止しており、ベルギーでも二〇一〇年四月に議会でイスラム衣装の着用を禁止する法案が可決し、違反者には二五ユーロの罰金を課すという。さらにスペインのリェイダやバルセロナ、タラゴナでもイスラム装束の禁止に動くなど大きな流れができあがっている。ちなみに、イスラム教の女性が頭にベールを被らないということは、イスラム教の教えに反することなので、反響は極めて大きいといえる。

欧州の政府当局にとって悩みが深いのは、一連の問題が西欧の普遍的な価値として掲げる民主主義や人権尊重の根幹にかかわる性格を持つことである。

ところで、イスラム教の聖典クルアーンによれば女性は顔と手以外を隠し、近親者以外には目立たないようにしなければならないことから、保守的なイスラム社会では女性は頭を含めた体を隠す服装をすることが多い。ちなみに、イスラム系女性が着用する伝統的なベールやイスラム特有の衣装には、ブルカとニカブのほかに、チャドル（CHADOR）、ヒジャブ（HIYAB）、シャイラ（SHAYLA）などがある。

欧米諸国のメディアでは厳密な区別はされず、どれであっても（つまり、テント状の布で全身を覆い顔の部分を網上にして視覚を確保する〝BURKA（ブルカ）〟や目以外の顔と髪をすっぽりと覆う〝NIQAB（ニカブ）〟、顔を隠さないで頭部ないし全身を覆う〝HIYAB（ヒジャブ）〟などを区別せずに）ブルカと呼称されることが多い。

2　欧州連合（EU）における移民と同時爆破テロ事件

9・11テロ事件の発生によって、欧州においてもイスラム教徒に対する警戒心が一段と増している。確かに、テロの実行犯は、すべてイスラム原理主義者であった。だが、イスラム原理主義者はイスラム教の主流ではなく、イスラム教のなかでも少数派である。その少数派のなかでイスラム過激派を支持する人はさらに限定されることを忘れてはならない。「テロのような卑劣な犯罪犯行を行う異端者」というイメージが先行するイスラム原理主義だが、「穏健派」と呼ばれ、平和的手段でイスラム国家樹立を目指す人たちもいる。したがって、すべてのイスラム教徒をテロリスト呼ばわりするのは正しくない。

現在、多くのテロリストは、欧州社会に不法もしくは正規移民として入国し、他の移民と同様に普通の生活を送っているように装っている。その一方で、移住先においてテロの計画を企てているのである。事実、9・11テロ事件後の二〇〇四年三月一一日にマドリードで発生した同時爆破テロ事件の発生後、欧州各国においてテロ防止のための警備が強化されるようになった。その結果、多くの欧州の都市において、国際テロ組織「アル・カイダ」が欧州でテロを起こすために設置した数多くのロジスッティックおよび活動拠点が発見され、これまでに数十件のテロが未然に防止されている。

一方、スンニ・過激派組織「イスラム国（ＩＳＩＳ／ＩＳ）」の「ホームグロウン（自国出身の）テロリスト」によるテロ未遂事件が英国、フランス、ドイツ、スペイン、ベルギーなどの主要欧州連合（ＥＵ）諸国において頻繁に起きている。

(1) マドリードにおける列車同時爆破テロ事件
――イラクへの軍隊派遣が報復を招く――

① 列車爆破テロ事件の概要

二〇〇四年三月一一日、午前七時半（日本時間同午後三時半）から八時頃にかけて、スペインの首都マドリード中心部のアトーチャ駅など三つの駅を通過中だった電車内で連続的に爆発があり、計一九八人が死亡、約一六〇〇人が負傷し、内戦を除いたスペイン国内でのテロ事件としては、過去最大規模の被害となった（以下、列車同時爆破テロ事件を「11－M」と記す）。

事件当日の朝七時台のラッシュアワーの時間帯にマドリード市中心部にある「アトーチャ駅」と同市郊外の「エル・ポソ駅」および「サンタ・エウヘニア駅」の三つの駅で四本の近郊電車の車両内で計一〇回の爆発がほぼ同時にあった。最初の爆発は七時三九分にアトーチャ駅構内に到着しつつあったアルカラ・デ・エナレス発アルコゴベンダス行きの六両編成（乗客数一四四八人）の列車の一両目、五両目、六両目の三カ所で数度の爆発があった。

次いで、同時の七時三九分に、アトーチャ駅に近いテリュス通り付近でアルカラ・デ・エナレス発チャマルティン中央駅行き六両編成（乗客数一四四八人）の列車の一両目、四両目、五両目、六両目で四個の爆弾が爆発した。その後、七時四一分にエル・ポソ駅でグアダラハラ発チャマルティン中央駅行き六両編成（乗客数一八一六人）の列車の四両目および五両目でセットされた四個の爆弾のうち二個が爆発した。さらに、七時四二分に、サンタ・エウヘニア駅でアルカラ・デ・エナレス発プリンシペ・ピオ行きの六両編成（乗客数一四四八人）の列車の四両目で一個の爆弾が爆発した。

それぞれの列車にセットされた爆弾の数は合計で一四個であり、うち一〇個が爆発した。この「11‐M」の標的にされたアトーチャ駅はマドリードとセビーリャを結ぶ新幹線「AVE」の発着駅としても知られ、一般市民のほか外国人観光客でも賑わう、チャマルティン中央駅と並んだ主要駅である。

②起爆装置に携帯電話を使用

「スペイン国家中央情報センター（Centro Nacional de Inteligencia: CNI）」によると、レバノンの「ヒズボラ」の仲介で「ETA」の幹部と「アル・カイダ」が正式に接触を始めたのは、二〇〇〇年末頃であり、ベルギーのブリュッセル、スペインのリゾート地マラガ、バルセロナで獅子機関の連携強化と共同闘争、とりわけ、二〇〇四年三月の「11‐M」のテロ実行について少なくとも三回会談している。

「11‐M」テロで使用された携帯電話による起爆装置は、その後のバリ島やロンドン同時爆破テロをはじめとする「アル・カイダ」によるテロ行為に利用されている。この装置は、取り扱いが簡単で、成功率が高いため現在も「イスラム国（IS）」によるテロ攻撃に使用されている。

テロに使用された爆発物は、一九九九年以後、ブルゴスにある鉱業用火薬製造会社「ユニオン・エスパニョラ・デ・エクスプロシーボ（UEE）社」で製造されたゼラチンダイナマイト（爆薬筒一本約一四〇グラム）およびチタニウムダイナマイトである。一四個のリックサックとスポーツ・バッグに、これらの爆薬を一〇―一二キロずつと、被災者に最大限のダメージを与えるために釘やネジ（各リックサックにおよそ一キロ）を入れ、携帯電話をアラーム代わりに使用して爆破させた。

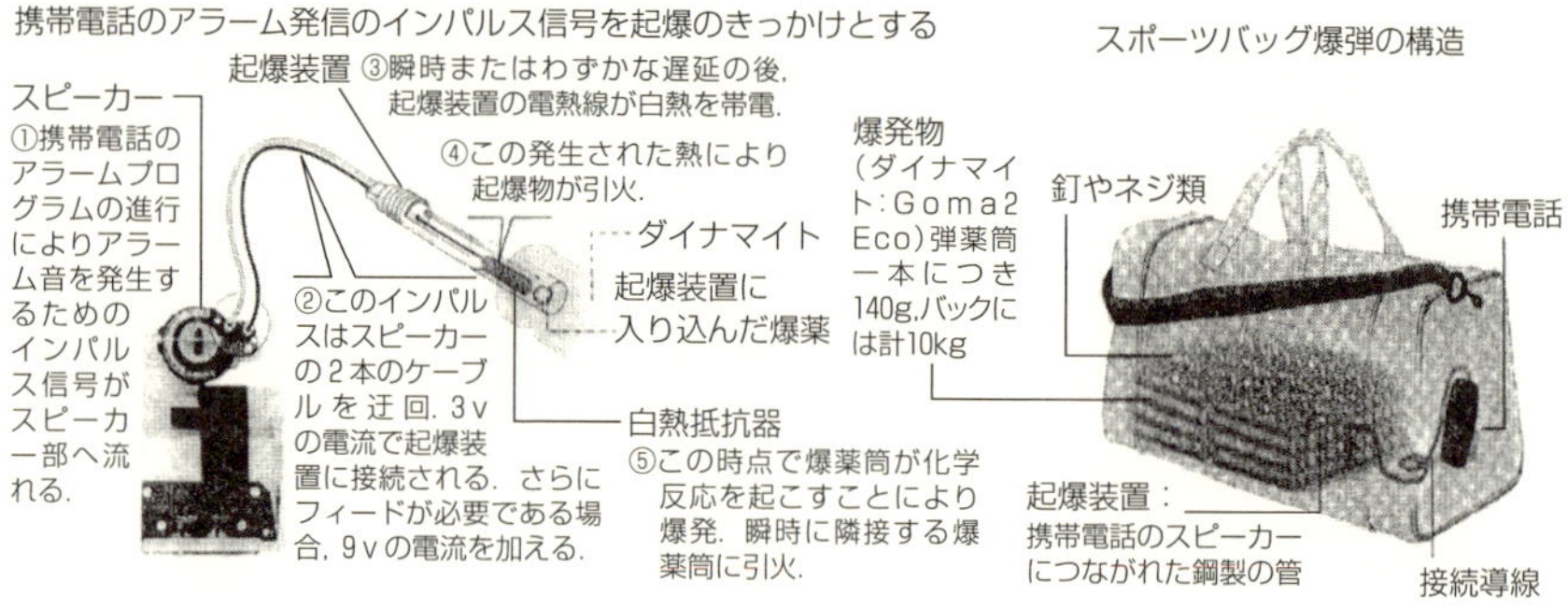

図表4-1　爆弾の起爆方法

出所：I. Gonzalez, M. Chimeco. Ch MS. R. Estrada/EL MUNDO.

図表4－1は、爆弾の起爆方法を示したものである。これによると、携帯電話のアラーム発生のインパルス信号を起爆のきっかけとしたことが分る。具体的な起爆法は、

① 携帯電話のアラーム・プログラムの進行によりアラーム音を発生するためのインパルス信号がスピーカー部門へ流れる。
② このインパルスはスピーカーの二本のケーブルを迂回。三ボルトの電流で起爆装置に接続される。さらにフィードが必要である場合、九ボルトの電流を加える。
③ その後、瞬時またはわずかな遅れで雷管の電熱線が白熱を帯電する。
④ この発生された熱により、起爆剤に引火する。
⑤ この時点で爆薬筒が化学反応を起こすことにより爆発するのである。

③ 爆風による車内への影響

また**図表4－2**は、爆風による列車内の影響について示したものである。爆破された列車はいずれも爆心点から外側への衝撃波と爆心点へ向かってくる吸収波の二つによる影響を受けた。同心円状に広がる衝撃波により半径一五―二〇メートル範囲内に破壊的なダメージを与えた。ちなみに、ダイナマイトの熱力は二〇〇〇度で爆発音の速度は、秒速八四〇〇メートルと推定された。

④テロ事件の犯人はイスラム過激派組織

事件発生から約二時間後の九時四五分に、捜査官がアルカラ・デ・エナレス駅の近くで犯人グループが乗り捨てた白いルノーの小型バンを発見した。この車は二月二八日にマドリード市内で盗まれたもので、社内には、起爆装置七基とイスラム教の聖典コーランをアラビア語で朗読した録音カセットテープが置かれていた。車内に残されていた銅製の起爆装置もダイナマイトの製造会社と同じＵＥＥ社製であり、マドリード山脈のアストゥリアスの花崗岩の石切場の火薬倉庫から盗まれたものである。

鉱山の火薬庫から盗み出したダイナマイトと起爆装置は、その日のうちに盗難車の小型バンでマドリード市郊外レガネスのアジトまで運び「11‐M」実行に備えたのである。

事件発生二日後の三月一三日、モロッコ訛りのアラビア語で「11‐M」の犯行を認めるビデオテープが発見された。ビデオテープには「アル・カイダ」の欧州軍事部門スポークスマン、アブ・ドゥジャン・アル・アフガニと名乗る人物がモロッコ訛りのアラビア語で「ニューヨークとワシントンに対する攻撃のちょうど二年半後にマドリードで起きた事件は我々の責任であると宣言する。これはお前たち（スペイン人）が犯罪者ブッシュ（当時の米大統領）に同調し、（イラクへ軍隊を派遣して）協力した結果である。……」という内容のメッセージが録画されていた。

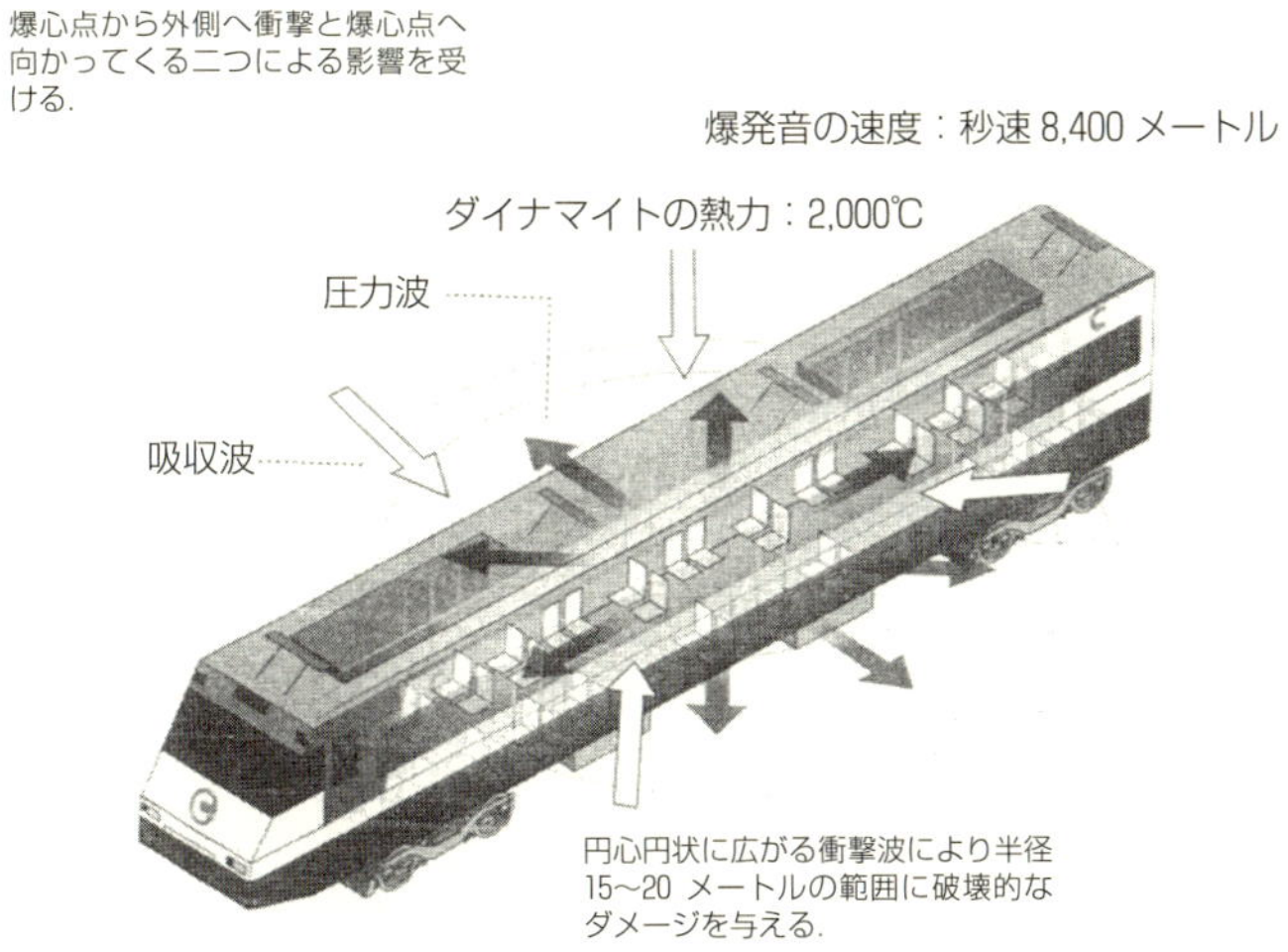

図表4-2　爆風による列車への影響

出所：Rafa Estrada/EL MUNDO.

スペインは、イラク戦争に軍隊を派遣するなど、米国のブッシュ政権を強く支持していた。また、欧州において、地理的にもモロッコに近いなどロジスティックの面からもテロを実行しやすい場所であった。さらに、スペインは、移民対策が他の欧米諸国に比べて緩やかであったことから、国内への入国や国内での活動を容易にできる環境にあった。この事件に、イスラム系の移民が大きく関与していたことから、欧州各国において移民に対する警戒心が一段と増し、警備が強化されるようになっている。ちなみに、列車同時多発テロの容疑者の大半は、「アル・カイダ」系過激派組織「モロッコ・イスラム戦闘団（ＧＩＣＭ）」と密接な関係のあるモロッコ系の移民が多く含まれていた。これらの容疑者のうちジャマル・ズガムは、子供のとき母親に連れられてモロッコからスペインに移民し、二〇歳過ぎた頃から頻繁にスペインとモロッコを往復する生活を送っていた。事件直前まで母親と二人の妹と共にマドリード中心部の移民街ラバピエス地区で平穏な生活を送っていた。彼はラバピエス地区の多くの人たちからの信望は厚く、同地区の区長を務め、住民の世話をしていた。住民の彼に対する印象は、「とても親切でいつも微笑を浮かべている優しい青年」という評判であった。このように極めて評判の良い青年だったことから、彼がテロ事件に関与した容疑で逮捕されたとき、彼を知る誰もが信じようとしなかったのである。通常、テロリストは、普通の住民とまったく変わらない生活をしているので一般住民とテロリストを区別することは、ほとんど不可能なのである。

（2） ロンドンにおける地下鉄同時爆破テロ事件

マドリードのテロ事件（写真４－２を参照）に続いて起きたのが、二〇〇五年七月七日のロンドンにおける同時多発テロである。この事件による死亡者が五六名、負傷者は七〇〇名にまで達した。

ロンドンの同時爆破テロが発生した背景として、①当時、英国が欧州の議長国であった、②Ｇ８の首脳会談が開催される、③シンガポールで二〇一二年のオリンピックがロンドンで開催されることが決定した、など三点が考えられる。しかしながら、テロは二四時間で準備ができるほど簡単なものではなく、オリンピックの候補地は他にもあった。したがって、テロ実行グループが動機などに関する正式な声明を発表していないので、ロンドンにおけるテロ発生の要因を正確に把握することは困難である。いずれにせよ、今日、民主主義を掲げる国の、すべての主要都市がイスラム過激派の標的になっていることは確かである。

ロンドンにおけるテロの実行犯もマドリードのテロの実行犯と同様にイスラム系の移民であったことは偶然とは言いがたいのである。

ところで二〇一五年一二月三日に英国は議会の承認を受け、シリア領内のイスラム過激派組織「イスラム国（IS）」に対する空爆を行った。その報復テロと見られる刺傷事件がロンドン東部にある地下鉄セントラル線の「レイトンストーン駅」で起きた。このテロ事件は、同年一二月五日夜、長さ三インチの刃物を持った「ローンウルフ（一匹狼）」と思われる男が「これはシリアのためだ」などと叫んで乗客に切りつけ、二人が重軽傷を負わせた。ちなみに、英国当局は二〇一四年八月から国内のテロ警戒レベルを五段階中の上から二番目の「シビア」に引き上げたままであった。監視対象の拡大など対策に限界があり、テロの脅威の克服が容易でないことを示したテロ事件であった。

写真4-2　マドリードにおける列車同時爆破テロで破壊された車輌（EL Pais 紙）

(3)　フランスにおけるパリ同時多発テロ事件

二〇一五年一一月一三日に、パリ市街と郊外のサン・ドニ地区の商業施設において「イスラム国（IS）」の戦闘員とみられる複数のジハーディストのグループが三チームに分かれて旧ソ連製の小型自動小銃AK－47（カラシニコフ）で襲撃したり、過酸化アセトン（TATP）を用いた「自爆ベスト」による爆発が同時多発的に発生し、死者一三〇名、負傷者三〇〇名以上に及んだ。フランス検察当局の調べによると、実行犯はIS内組織「預言者の剣」リーダーのモロッコ系ベルギー人、アブデルハミド・アバウドでシリアから指示を出しているとされたが、サン・ドニのアパートに潜伏しているのを発見され、射殺されたパタクラン劇場への襲撃を行ったのは三名で、うち自爆した一人はパリ南部に住むアルジェリア系フランス人男性とされる。死亡した三名はベルギー人であることが判明した。スタッド・ド・フランス付近で自爆した三名の男性のうち一名はベルギー在住のフランス人、一名はイドリブ出身のシリア人であるとされ、シリア人男性はもう一名のスタッド・ド・フランス付近での自爆した者とともに難民を装ってギリシャレロス島経由で入国したものと見られている。レストランを襲撃した二名の男性のうち、一名はベルギーでバーを経営するフランス人で、この男性の弟でバーのマネジャーを務めるフランス人も攻撃に使用されたフォルクスワーゲン・ポロを借りた容疑で指名手配されたが間もなくベルギー国内で逮捕された。犯行グループには、シリアへの渡航歴や過激思想に感化されてことを危惧されていた者など当局の追跡対象者が含まれていたという。こうしたテロリスト予備軍が秘かに欧州連合（EU）圏内の行き来を原則自由にする「シェンゲン圏」に舞い戻り、綿密なテロ計画を準備していたのである。こうしたことから、今後の対策として、シェンゲン圏と外との国境通過の監視が強化されることは必至である。

このテロ事件の首謀者のアバウドら三容疑者はいずれもテロリストの温床と言われるベルギーのブリュッセル首都圏にあるモレンベーク地区の出身者である。モレンベーク地区は、人口一〇万人のうち八割がモロッコ系をはじめとするイスラム系移民やその子孫であり、半ば自治が確立し、警察の取締りが行き届かない。モレンベーク地区は武器の闇市場として知られ、拳銃や弾薬だけでなく自動小銃AK－47やロケットランチャーなどが流通していると言われる。パリの同時テロで使用された自動小銃AK－47はこの地域で調達されたものらしい。

ベルギーは人口一一〇〇万人。日本の約一二分の一の広さの小国が、欧州のテロ・ネットワークの中心地となっている。背景にあるのは、イスラム移民社会への過激主義の広がりである。ベルギーの人口の約六％はイスラム教徒。第二次大戦後の一九六〇年代の復興期に炭坑や製鉄業の人手不足のため、モロッコやトルコから多くの移民を受け入れ、現在は二世、三世の時代である。イスラム人口は大都市に集中し、首都ブリュッセルでは人口の約二五％を占めている。一方で、移民社会の融合は進んでいない。ＯＥＣＤ統計で、外国生まれの住民の就労率は五三％にとどまり、欧州連合（ＥＵ）ではギリシャやスペインに次いで低い。シリアやイラクなどの戦闘地域に渡航した若者は約四四〇人。人口比ではベルギーが欧州で最も多いと言われている。

パリがテロの標的となったのは、世界中から観光客が集まる「花の都」で注目を集めやすいことに加え、二〇一五年九月下旬に始まったフランスの空爆に対する「イスラム国（ＩＳ）」の反発にあったが、同時に欧州連合（ＥＵ）が抱える貧困格差と移民の問題が背景にあったといえよう。

（4）ベルギーにおける連続テロ事件

二〇一六年三月二二日、ベルギーの首都ブリュッセルのブリュセル空港と地下鉄のマールベーク駅において連続爆破テロが発生し、犯人三名を含む三八名が死亡し、一九八名が負傷した。事件後、過激派組織ＩＳは「イスラム国に対する攻撃への代償として、十字軍同盟は暗黒の日々を迎えることを思い知らせる」と犯行声明を明らかにした。また、犯行声明では「戦闘員たちが爆弾ベルトで一連の爆破を実行した」とし、「ベルギーが（ＩＳ掃討の）有志連合に参加している」とも述べている。

ブリュセル連続テロでのテロは欧州連合（ＥＵ）における国境を越えた人の移動、寛容政策、言論の自由に対する大きな打撃となった。

パリ同時多発テロ事件でもそうだったように、ブリュセル連続テロでも欧州に流入してきた移民に紛れてテロリストが入り込んでおり、それらがテロに関与した疑いがある。移民や多文化共生といったものに寛容な姿勢はリスクを深刻化させる結果となった。

欧州連合（EU）とトルコの間で交わされた協定では不法移民を「安全な第三国」トルコへ強制送還することになっている。これに対しUNHCRなどがこの協定は国際法とEU法に違反するとして非難した。フランスやスペインもこの協定に懐疑的だったが、パリ同時多発テロやブリュセル連続テロ攻撃によって移民をトルコに強制送還するという協定がより多くの大衆から支持されるようになった。

第3節　欧州連合（EU）におけるイスラム過激派組織の拡大
――域内における「イスラム国（IS）」によるテロの脅威――

イスラム原理主義とは、「原典回帰」を意味する。もともとはキリスト教の言葉で、イスラム教の聖典コーランの精神に立ち返ろうという思想及び運動を指して欧米諸国が「イスラム原理主義」と名付けた。一般的には、イスラム教の創始者ムハンマド以降、正統カリフの治世まで実現していたイスラム共同体を思想とし、イスラム法（シャリーア）に基づく本来のイスラム共同体への復帰、国家の建設を目指している。この意味で、イスラム復古主義、イスラム政治運動などと呼ばれることもある。

イスラム原理主義は、反欧米的近代主義、反共産主義を掲げる右翼的な性格を有する現状批判の抵抗運動で、退廃的な西洋文化を排除し、コーランが説く社会倫理に基づく正しいイスラム理念による経済社会体制をつくることを目指すものとされる。代表的なイスラム原理主義過激派のテロ組織としては、「アル・カイダ」と「イスラム国」がある。

フランスのパリ同時多発テロを起こした中東の過激派組織「イスラム国」ISLAMIC STATE（以下IS）を世界が認知したのは二〇一四年六月、「IS」がイラク第二の都市モスルを突如制圧したときである。「IS」の源流は二〇〇三年のイラク戦争後の混乱下で生まれたイスラム教スンニ派の過激武装勢力である。これに隣国シリアの内戦が勢力を拡大する余地を与えた。「ＩＳ」は「アル・カイダ」のようなワンマン組織ではない。指導部は基本的にイラク人である。シリア側は北アフリカのチュニジア人やモロッコ人ら外国人が多く、地位も高い。旧イラク・フセイン政権の軍将校、情報機関員らによる集団指導体制が確立されている。実務を担うのも旧政権の公務員であり、徴税、医療、電気など各分野の経験者がそろっている。

二〇一五年九月の米下院議会報告によると、「ＩＳ」には過去五年間で一〇〇カ国から三万人近い戦闘員が流入している。過去五年間にイスラム国に流入した欧州出身の主な国別の戦闘員数は、フランス出身者が一二〇〇人、ドイツ出身者が六〇〇人、英国出身者が六〇〇人、ベルギー出身者が四四〇人となっている。欧州諸国からの戦闘員が出身国に戻ってテロを引き起こす懸念が現実になっている。

パリ同時多発テロは小集団の犯行であり、組織としての規模が極端に小さいく、個人や兄弟・親戚程度の範囲内のつながりでテロを計画・実行する「ローンウルフ（一匹狼型）」が複数集積した形で実行された。

ちなみに、英国には移民出身の「ホームグロウン（自国育ち）」テロリストの予備軍ともいえる監視対象の過激派が二〇〇〇人いるという。一人の監視には理想的には一組四―六人の三組を準備するので、一八人程度必要になるので全員を監視するのは不可能なことである。どの人物を優先するかを判断するのも非常に難しい問題である。

「イスラム国（ＩＳ）」が欧州連合（ＥＵ）におけるテロで用いている爆薬には、簡単に作ることができ、殺傷能力の高いＴＡＴＰ（過酸化アセトン）を用いる傾向が強い。ＴＡＴＰは別名「サタン（魔王）の母」と呼ばれ、写真にあるような「自爆ベスト」で使用されている。起爆剤はベースト状の詰め物の入った薄い金属チューブで作られるつながれた二本の電線で火花を起こし、発火する仕組みである。なお、ＴＡＴＰ以外の化学薬品でテロの使用されるのは、硫酸、塩酸、過酸化水素、硝酸、塩素酸カリウム、塩素酸ナトリウム、尿素、硝酸アンモニウム、アセトン、硝酸カリウムなどであり、大半は市販されており、比較的容易に入手可能なものである。

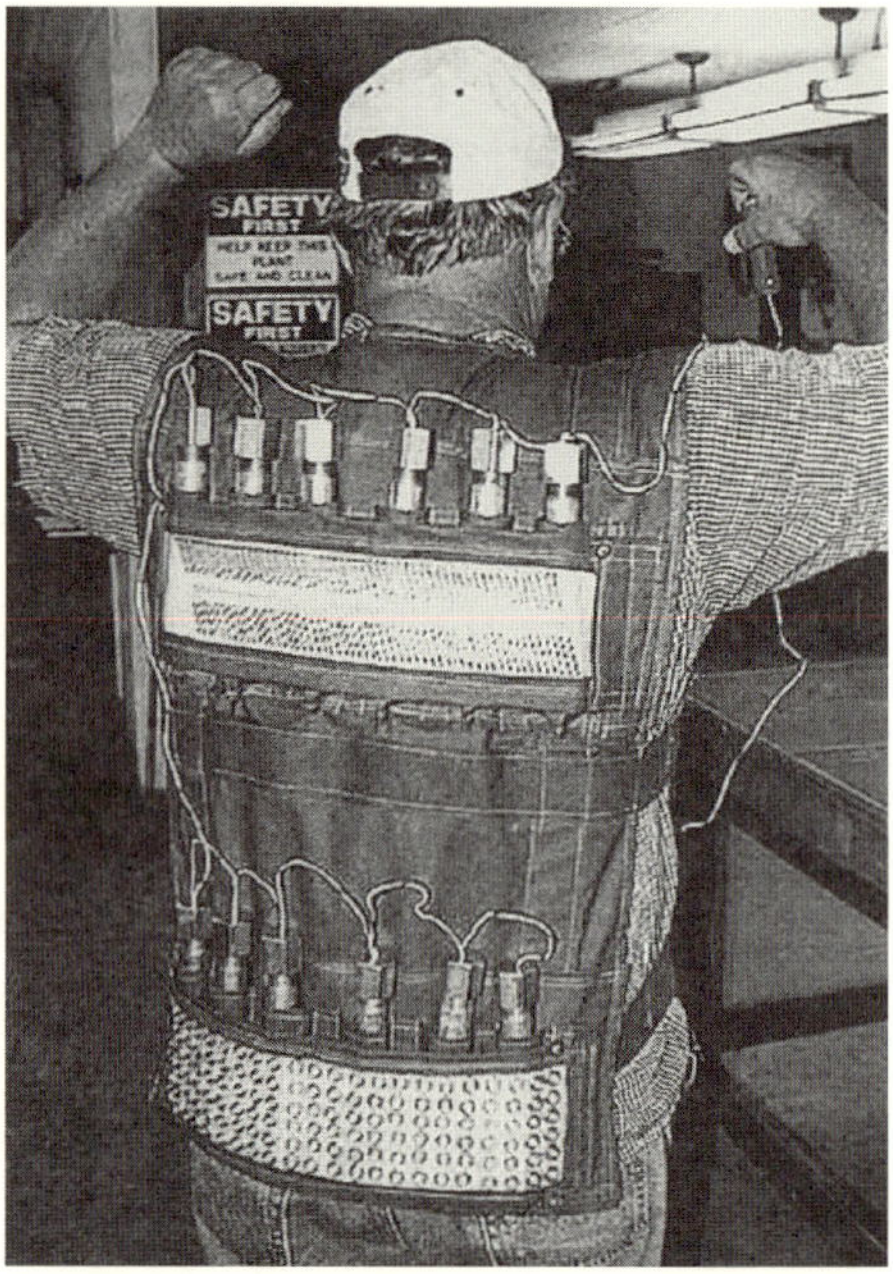

写真4-3　上着を着るとまるで目立たない「自爆ベスト」

出所：スペイン治安当局より入手.

写真４－３の「自爆ベスト」の写真は、二〇〇四年にスペインのマドリードで起こった列車同時爆破テロの首謀者といわれるエジプト人のラベイ・オスマンがローマで逮捕されたとき、彼のパソコンから出てきたものである。

一方、「イスラム国（ＩＳ）」の資金源で最も多いのが通行税、住民税などの税収入である。次いで、多いのが支配地域にある一三の油田で日量三万―四万バレルの原油を生産し、収入は毎日一〇〇万ドル（約一億二三〇〇万円）を超すとされる。さらに、域外の支援者からの寄付のほか、拘束した外国人や異教徒から取る身代金、古代遺跡からの出土品の密売なども資金源になっている。

欧州連合（ＥＵ）におけるイスラム過激派の正確な支持者数は不明である。しかしながら、「ザ・ガーディアン（The Guardian）」が実施したアンケート調査によると、英国におけるイスラム教徒の一三％は、米国における９・11テロは正当な行為であったと考えている。また、フランスにおいては、ＩＰＳＯＳが実施したアンケート調査から、二五％のイスラム教徒の若者は、イスラム教の価値観とフランスの価値観は共有することが可能であると考えている。また、ドイツやオランダにおけるイスラム人口の五―一〇％のイスラム教徒がイスラム過激派グループに共感を呼んでいるといわれている。

1 「ジハード」とは

すべてのイスラム教徒にとってジハードは、ムスリムの主要な義務である五行に次ぐ重要な義務である。ジハードは一般的には「聖戦」と訳され、その語源はアラビア語の *jahada* であり、「目的達成のために努力すること」という意味である。本来であれば、聖なる努力とでも訳されるのが適当かもしれない。努力とは、説法や教育などを通じてイスラム教を普及し、イスラム共同体を広げていくことである。

イスラム教では殺人を犯した者を厳しく罰する。事実、9・11テロ事件については、多くのイスラム教指導者が「イスラム教の教えに反する」と犯行を厳しく指弾している。

イスラム原理主義過激派は、ジハードをイスラム世界防衛のため実際に武器を持って戦うこととととらえ、テロを正当化している。しかし、このジハード＝戦闘という解釈はイスラム教の発祥当時にまでさかのぼる。その後も十字軍に対する戦争や、オスマン朝のヨーロッパへの進出、旧ソ連のアフガニスタン侵攻の際もジハードとして戦われた。

現代のジハードには様々な解釈があり、一概に定義することはできないが、「イスラム世界の拡大、防衛のため、他の異教徒に対する戦い」といった意味で強調されることが多い。帝国主義の時代、ヨーロッパ列強に支配されたイスラム諸国は、未だその傷が癒えていないのかもしれない。

ジハードの一つとして「戦闘」が正義か否か、という問題は、戦争が正しい行為か否かの問題にも通じ、解答をだすことは難しい。

ところで、ジハードには、大ジハードと小ジハードの二種類がある。前者は、イスラム教信仰者各人が、弱点の克服、誘惑への抵抗、心の弛み、容易な道を歩まないための努力をすることで、信仰者自身の心の中にある葛藤の克服を意味している。また後者は、イスラム世界を拡大あるいは防衛するための行為、予防を意味する。通常、イスラム系過激派組織が掲げ、聖戦と訳されているジハードは後者である。小ジハードは、攻撃、守備、予防の三つからなっている。通常、攻撃的ジハードとは、イスラムの支配下にある領土を奪い取ろうとする背教者や異教徒に対する抵抗を意味する。守備的ジハードは、二つの意味がある。一つは、背教者や異教徒の攻撃から自分たちの信仰を守るため、もう一つは、かつてイスラムの支配下にあった領土を復興することを意味している。最後に、予防のためのジハードとは、将来的に自らの身に降りかかると予測される脅威を防ぎ、好機を摑むための戦いを意味する。例えば、ホメイニ政権が将来のイラクの脅威と感じたフセイン元大統領によるイランへの進攻は予防のためのジハードであると考えられている。

2 イスラム系過激派組織による「ジハード」の戦略的目的

ロンドン在住のアブ・ジャムサ、アブ・カタダなど多くのイスラム過激派指導者は、モスクなどにおける説教で、「西洋の民主主義は腐敗しており打倒すべきである。欧州の民主政府を征服しなければならない」と主張している。また、ベン・バクリ師は、「いつの日か、ダウニングストリートの十番地においてイスラムの黒い国旗が掲げられるべきだ」とイスラムの西洋打倒を肯定している。イスラム過激派の信奉者がジハードを掲げる理由の一つに、イスラム信仰の拡大と征服がある。スペインのイスラム研究の権威者であるグスタボ・デ・アリステギ氏によると、イスラム過激派集団におけるジハードの大きな目的は、①腐敗した背教者の政府や政権を崩壊させること、②守備的ジハードから、旧イスラム領土であった、南フランス、南イタリア、地中海諸島、バルカン諸国、ギリシャやスペインの大半（アル・アンダルス）を再征服すること、③イスラムの領土が最大であったカリフの位（領土）の回復、④世界征服の達成である、と分析している。これによると、多くのイスラム教過激派はイスラムの拡大、ひいては、イスラムによる世界征服をも視野に入れているのである。ちなみに、イスラム系過激派集団は、目的達成のためには手段を選ばない冷酷な集団であるという見方もある。

第4節　移民とテロリストとの関係
――不法移民とテロリスト――

一九九九年にローマで開かれたキリスト教とイスラム教の宗教会議において、権威あるイスラム教徒が「貴方たちの民主主義の法則のおかげで、私たちはあなた方を侵略することができるだろう。また、私たちの宗教の戒律によりあなた方を支配するだろう」と発言している。また、カトリック教会のベルダルディーニ大司教は、「サウジアラビアやその他のイスラム諸国は、石油で獲得した莫大な資金を北アフリカや中東諸国で貧困に苦しんでいる人のために使うのではなく、キリスト教諸国へ多くのイスラム教徒の移民を送り出し、モスクやイスラムの文化施設の建設に費やしている」と、西欧諸国におけるイスラム勢力の拡大を危惧しているのである。前述したように、欧州においてイスラム人口が増加しており、現在、イスラム教は信徒数では、キリスト教に次いで多い宗教である。

テロ組織は、テロの標的とする国にテロリストを正規の移民に紛れこませて潜伏させ、犯罪行為やテロを実行する機会を狙っている。また、テロの標的にする国に移住している移民を過激派組織に勧誘したり、イスラム・コミュニティを支配したりして過激派勢力の拡大を図っている。

このように、過激派組織は、ジハードの目的の一つである西欧諸国におけるイスラム勢力の拡大を水面下において推進しているのである。

イスラム過激派組織も、マフィア組織同様に不法滞在者の欧州諸国への密入国の斡旋を積極的に行っている。また、多くのイスラム過激派組織は、欧州に拠点を設けているマフィア組織と連携し、彼らと同じように麻薬密売やマネーロンダリングなどよって資金を獲得している。現在、イスラム教徒が多く居住しているマグレブ諸国や多くのアフリカ諸国において貧困や貧富の格差などの問題に直面している者が多くみられる。

イスラム過激派組織は、多くの深刻な問題を抱えている人たちをリクルートし、最終的には欧州においてジハードを遂行するため、彼らを欧州域内に潜伏させているのである。

近年、アフリカから、小船で不法移民をスペイン領カナリア諸島やイタリアへ漂着させる戦略をとっている。第三章でも述べたが、これは、多額の資金を獲得することだけでなく、偽変造旅券で入国するよりも発覚した時のリスクが少ない。つまり、小船で欧州に密入国する前に発見された場合、本国に送還されるだけで、再び入国を試みることができるのである。

第5節　イスラム過激派組織「イスラム国」（ＩＳ）による不法移民および外国人戦闘員の勧誘方法

数年前に、スペイン南部に居住している中流階層および上流階層が属しているアラブ教団がイスラム原理主義者と協力して、不法移民を入国させているという疑惑が浮上した。多くのイスラム系過激派に加担している宗教団体は、マグレブ諸国からの不法移民を欧州に入国直前もしくは直後に入団の勧誘をしている。リクルートの方法として一般的なのは、港湾や空港において不法移民の候補者に接近することから始める。

まず、不法移民に対し、法律上の助言、入国後の宿泊先、仕事の斡旋、さらには不法移民から正規移民への法的手続きの支援など、入国後の支援を約束するのである。イスラム原理主義者はこのような支援を通して、多くの移民が、原理主義に対して抱いている疑念を解消し、原理主義に忠誠を誓うようになるのである。また、新たに加わった者が組織への従属や服従を保障させるため、学歴がない女性との結婚を奨励することがある。つまり、組織のために忠実に行動をとっているものに対する褒美として女性が与えられるのである。

通常、褒美とされる女性は、移住先において、組織からの援助を受けて組織に加わった人たちである。また、無学歴者や文盲の女性がターゲットになることが多い理由として、余計な知識がないため洗脳し易く、組織の理念を純粋に理解し、組織のために従順に尽くすのである。

一方、法務省公安調査庁の『国際テロリズム要覧（WEB版）』所収「最近の国際テロ情勢」、（二〇一五年五月一九日アクセス）によると、「イスラム国」（IS）の外国人戦闘員の世代、階層、背景は様々であり、一定の典型を見い出すことは困難とされる。戦闘員の年齢を見る限りでは、最も多い年齢層は二〇歳代とされるが、中には、一五歳から一九歳、あるいは、三〇歳代との例も見られる。性別では、圧倒的多数が男性とされるが、中には、欧米諸国などを出身とする女性もいる。女性に関しては、個人での参加に加え、友人や夫とともに参加する例もあるとされる。

欧州連合（EU）諸国などイスラム教徒が多数ではない国の出身者の中には、キリスト教からイスラム教への改宗者もいる。欧州連合（EU）加盟諸国の場合、外国人戦闘員のうち、平均約六%が改宗者との指摘もある。また、欧州連合（EU）諸国出身者の多くは、移民の第二世代又は第三世代であり、渡航前にシリアと関係を有していた者の数はごくわずかともされる。さらに、フランス出身の外国人戦闘員の場合、その特徴として、①シリアとの文化的、民族的なつながりはない、②比較的若年齢である（一八歳から二八歳）、③都市部の出身者が多い、④渡航前まで、過激主義や犯罪といった反社会的な活動への関与がなかった者が多い、⑤約二五%がイスラム教への改宗者である――といった点が挙げられる。

同要覧によると、外国人戦闘員の多くは、軍事訓練や戦闘参加の経験を持たないが、より年齢が高い層の中には、過去に他の紛争地での戦闘に参加した経験を持つ者もいるとされる。

「イスラム国」（IS）はマスコミ機関を積極的に活用して、海外に向けて（外国人）戦闘員参加の勧誘を行ってきている。こうした呼び掛けは、複雑な思想上の主張や議論などよりも、端的な感情に訴える傾向がみられ、その内容に関しても、「仲間との友情や団結」、「利他主義」、「高いモラル」、「ヒロイズム」などを描写したものや、「苦しむシリア国民」、「敵が行った残虐行為」などに関する描写が見受けられるとされる。また、ISは、こうした宣伝に、自組織の外国人戦闘員を積極的に登場させ、これら戦闘員が、①自国の旅券を破り捨てる様子、②自国民に向けて自国政府に対するテロを呼び掛ける様子、③シリアでの生活がイスラム教徒にとっていかに理想的であるかなどを説明する様子、④独自の「イスラム国家」の樹立・拡大に向けた決意を表明する様子――などを掲載してきた。さらに、同組織の最高指導者アブ・バクル・アル・バグダディは、二〇一四年七月一日に発表した声明において、自組織が掲げる「カリフ制イスラム国家」が、既存の国籍や人種、民族を超えた世界のイスラム教徒による国家であると強調し、同「国家」の担い手として、軍事の分野に限らず、法律、医療、技術など民生分野における専門家にも参加を呼び掛けている。

また、外国人戦闘員の中には、ソーシャル・メディアなどを通じて、自分達がシリアで一定の設備が完備された家屋に居住していると宣伝し、閲覧者に対して、あたかも「シリアにおけるジハードは格好が良い」かのような印象を抱かせようとする者もいる。二〇一三年一二月には、英国出身とされる複数の外国人戦闘員が、「ラヤト・アル・タウヒード」(Rayat al-Tawhid)なるメディア組織を設立し、ソーシャル・メディア上にシリアでの戦闘模様に関する映像を掲載するなどして、英国民に戦闘参加を呼び掛けた。これら呼び掛けの中で、「やくざな生活を捨ててジハード生活へ」などと称し、シリアでの戦闘を美化する試みがなされているほか、「五つ星のジハード」と題するビデオ映像では、外国人戦闘員達がスイート・ルーム付きの邸宅やプール付きのマンションに居住するなど、贅沢な生活を送っていると思わせる内容が収められている。

一方、外国人戦闘員を志願する側も、シリアの状況を知る上で、既存のマス・メディアではなく、ソーシャル・メディアに依存する傾向があると指摘されており、ソーシャル・メディア上で自分が選んだソースのみから情報を入手し、他の媒体から自らを遮断しているともされる。こうした者達は、単に閲覧するだけでなく、自らも投稿(書き込み)を行うことで、居住国にいる段階から、自身もシリア情勢に関与しているとの意識を強め、やがて、実際の行動へとつながっていくとの見方もなされている。

このほか、直接的な接触による働き掛けも、依然として、大きな役割を果たしているとされる。特に、北アフリカ諸国においては、他地域に比してインターネットの利用率は低いにも関わらず、最も多くの外国人戦闘員を生み出しているとされる。また、欧州連合（EU）でも、シリアを含む紛争地に外国人戦闘員を送り出している支援組織の存在が指摘されている。

「イスラム国」（IS）が多くの戦闘員を引きつけているとされる。その背景として、ISは、①国際性を強調してきたこと、②資金的に有力とされること、③外国人戦闘員のリクルート、訓練、活用に長けていること――などが挙げられるほか、志願者の多くが宗教的義務感などを動機付けとしており、宗教色をより強く出す組織になびきやすいとも指摘される。①について、ISは、シリア一国にとどまらず、既存の国籍や人種、民族を超えたイスラム教徒（スンニ派）を主体とする、より広い地域での「イスラム国家」の樹立などを活動目標に掲げており、同組織の戦闘員に関しても、幅広い地域からの出身者を擁していることをたびたび強調してきた。その結果、原則的にシリア人を主体とし、同国に限った闘争を目的とする「自由シリア軍」（FSA）などの他組織よりも、外国人の心を捉えやすいとされる。②については、従前より、シリア反体制派の中では、世俗主義や民族主義を掲げる組織よりも、「スンニ派イスラム主義」などを強く掲げる組織の方が、周辺国などに居住するスンニ派からの寄附を集めやすかったとされる。さらに、ISは、勢力の拡大を背景に独自の資金力を高め、他組織以上に高額で安定した給与を支払うなどして戦闘員を引きつけているとされる。また、③について、ISは、過去にもイラクで外国人戦闘員を吸収するなどして武装闘争を行ってきた経験から、シリアで反政府運動が発生する前から、既に独自の人員募集能力を有していたとされる。また、同様の理由から、ISは、戦闘経験のない志願者や、現地語を話せない志願者であっても、これを訓練し、戦力として活用するノウハウを有しているとされる。欧米諸国出身の戦闘員の役割には、①軍事及び民生分野での経験や技術を持たない、②現地の言葉を解さない、③地元の文化や習慣を知らない、④（万が一の際に抗議や復讐を行うような）家族や親族を現地に持たない――者達が多いことから、現地で歓迎されず、不当な扱いの対象になりやすいとされる。多くの外国人戦闘員は、ソーシャル・メディア上などでの宣伝とは裏腹に、死体の処理や埋葬、野戦便所の設営などといった戦闘員の間では敬遠されがちな後方業務担当か、自爆要員にさせられているとの指摘もある。また、戦闘に従事した場合でも、その死亡率は高いとされる。

欧州連合（EU）加盟国政府の間では、帰国した元戦闘員がテロ関連活動に関与する可能性が指摘されている。シリアでの経験が外国人戦闘員に及ぼす影響として、①戦闘訓練や実戦経験などを通じてテロ実行に必要な破壊活動の能力を身に付けること、②過激組織内で人脈を得ること、③過激組織が掲げる目標を共有するなどして思想的にも過激化すること——などが挙げられる。このうち、③については、外国人戦闘員が、当初、どのような参加動機を抱いていたにせよ、過激組織は、外国人戦闘員の自国における境遇、特に、自国で受けていた差別の経験などを捉えて、自国への憎悪の念を高めさせたり、それをより広い意味でのイスラム教徒に対する抑圧と結び付けるなどして、外国人戦闘員への教化を図っていくとの可能性が指摘されている。帰国後に想定される具体的な脅威としては、①テロ関連活動への関与、②過激思想の持込み、拡散、③他者にも紛争地への渡航を呼び掛け——などが指摘されており、実際に、二〇一四年五月、ベルギー・ブリュッセルのユダヤ博物館において、シリアで過激組織に参加していたとみられるフランス国籍を有する男が銃撃を行う事件が発生している（四人が死亡）。また、元戦闘員が、居住国におけるコミュニティーにおいて、「シリア帰り」などとして周囲から注目を集め、指導的な立場を得るなどして、他者に影響力を及ぼしていく可能性が指摘されている。

このほか、シリアにおける外国人戦闘員の問題については、アフガニスタン紛争（対旧ソ連）の時を例に挙げてその脅威を指摘する声もある。同紛争では、帰国した戦闘員らの一部が、それぞれ自国に帰国した後に反政府武装闘争やテロ活動に関与していったとされており、シリアに関しても、今後、「新たな国際テロリストの世代が生み出される可能性がある」などと指摘されている。

シリアの外国人戦闘員などによる脅威に対し、各国で実施又は検討中の対策としては、①おとり捜査などにより、戦闘員志願者を自国から出国する前に摘発、②対象となる者の監視、③旅券や査証に関する規制、④犯罪要件の拡大又は重刑化、⑤インターネット上の規制、⑥啓発活動、⑦戦闘志願者やその家族に対するカウンセリング、助言、説得――などが挙げられる。このうち、④については、国連安全保障理事会において、二〇一四年九月、テロ目的の海外渡航などを国内法で処罰することを加盟国に義務付ける決議が全会一致で可決されている。

1　イスラム系過激派組織の影響力

移民が欧州に入国した場合、仕事や社会への統合など様々な問題に直面することが多い。その際、移民の出身国のコミュニティーは、そのような移民の受け入れおよび仕事の斡旋や生活支援を行うためのNGO団体を運営している。これらのNGO団体は、人道的な理由から不法在留者の入国の際に援助を施している。しかし、このようなNGO団体の中に、イスラム系過激派組織が強い影響力を持っているものがいる。また、イスラム過激派組織は、ホテル、長距離電話ボックス、インターネットカフェ、移民の出身国の食料品や洋服の販売店、レストランなどを経営している。

こうした場所は、移民コミュニティーの多くの人々が交流する社交場でもある。イスラム過激派組織がこうした商売を営むことは、活動資金の獲得だけではなく、コミュニティーの人たちと直接接触することができ、会話を通じて、彼らの心配事などを知ることもできるのである。過激派組織は、個々人の心配事などを聞くことにより、移民の心の中に入り込んでいくのである。さらに、色々な商売などを通して不法在留者を自らが経営している店やレストランで就労させることもできるのである。さらに、イスラム過激派組織は、モスク、娯楽施設や文化施設の運営も行っているのである。モスクでは、イスラム過激派の教えを説くとともに、テロリストの手引き役がリクルートされる場合がある。このように、様々な商売や文化活動などを通して、コミュニティーの人々との良好な関係を築き、コミュニティー内で大きな影響力を持つようになっているのである。

スペイン当局により、スペインのバレンシアにあるバレンシア・イスラムセンターがイスラム系過激派組織〝エン・ナーダ（En-Nahda）〟の支配下にあったことが判明している。また、過激派組織は、イスラム教国の長老やアラブ諸国の実力者がスペインに所有している別荘に滞在中、組織の息のかかった家政婦を派遣して彼らに対して脅迫の材料になる情報を収集させていたのである。

2　欧州連合（EU）におけるイスラム過激派組織による犯罪行為

近年、欧州域内において、イスラム原理主義集団の活動が活発化している。マドリードの列車同時爆破テロ発生後、欧州の情報捜査官によって、テロの実行組織の一つである「アル・カイダ」系過激派組織「モロッコ・イスラム戦闘団（GICM）」の拠点がスペイン、フランス、ベルギー、オランダ、ドイツなどで発見され、マドリードでのテロ事件に関与していた多くの協力者が逮捕されている。

このようにアル・カイダ系テロ組織は、密入国者の斡旋のみならず、欧州域内において密入国者に犯罪行為を強制するなど、活発な動きを見せている。

前にも述べたように、過激派組織のメンバーは、普通の住民とまったく変わらない生活をしている。一方では、テロ活動に必要な資金を獲得するために、人身売買、麻薬取引や強盗などの犯罪行為を行っている。マフィア組織のメンバーは、犯罪行為に手を染めるとき、罪の意識をまったく感じないのである。というのは、麻薬を欧州社会に広めることや犯罪を増し、域内の治安を悪化させることは、欧州社会の堕落につながり、過激派組織にとって、ジハードの目的の一つである「腐敗した背教者の政府・政権の堕落」に貢献する賞賛すべき行為なのである。

イスラム教徒による多くの犯罪の増加は、欧州社会において、彼らに対する差別や疎外の原因となっている。しかし、そのことは、過激派組織にとって、イスラム教徒からの支持を得る機会に結びついている。つまり、イスラム教徒が様々な差別を受け、疎外されれば絶望感を抱いて、欧州社会に対し反発し、嫌悪感を持って、過激派組織に賛同するようになるのである。ちなみに、そのような集団の一つに、ビン・ラディンや「アル・カイダ」と関係が深いアルジェリア系テロ組織（GSPC）がある。彼らは、欧州においてイスラム国家を建設する方法として、武力に訴えることが最良の手段であると考える過激派集団である。この集団は、フランスで活動を開始し、現在では、ベルギー、ドイツ、スイスやスペインにおいても活動拠点を拡大している。

3　移民二世、三世とイスラム過激派組織

不法移民の問題と同じように、欧州に移住した移民の二世や三世がイスラム過激派の標的になることが多くなっている。世界におけるイスラム教徒への敵意の増加や欧州における彼らの境遇は、イスラム過激派へ加担する動機になっているのである。

一九六〇年代にイスラム教国から多数の移民が欧州に移住している。この年代に移住した多くの移民は、現在平均六〇歳以上になっている。移民の二世は、欧州に最初に移住した子供たちで構成されている。彼らは、欧州圏外で生まれ、子供の頃に移住したか、欧州で生まれた人たちである。現在、年齢は三〇歳代から五〇歳代である。移民の三世は、二世の子供たちである。彼らは、欧州で生まれ育ち、現在三〇歳以下である。歴史的に、イスラム諸国からの移民は、欧州諸国において歓迎されることはなかった。常に、彼らは、人種差別や社会から疎外されることが多かったのである。これらの二世や三世の中には、欧州社会への適応や、欧州の価値観を理解する努力を怠っている者が多い一方、受け入れ側でも、最近まで彼らの欧州社会への適応の支援をほとんど行ってこなかったのである。

これまでは移民二世に関する問題が大きく扱われたが、しかし、ここ三年から五年の間に、学校での暴力事件や男女平等に対する反対といった欧州の価値観への拒絶など、家族の出身国の文化と移住国の文化の二つの文化に板ばさみになっている移民三世による問題が表面化しているのである。

イスラム系過激派組織は、移民の三世がこのような厳しい環境におかれているのに目をつけ、彼らをテロ活動家の予備軍として積極的にリクルートしているのである。

4　移民三世とイスラム過激派組織

欧州における多くの移民三世がイスラム過激派を支持するようになってきている。現在、移民国の社会への統合の欠如が目立つ一方、受け入れ側においても一夫多妻制や高い出生率など、イスラムの生活慣習に対する偏見からイスラム・コミュニティに対する拒絶や人種差別が表面化し、欧州社会においてイスラム教徒が社会から排除されるようになっている。また、移民は、差別や景気の変動などにより、現在、イスラム・コミュニティにおいては移住先の平均失業率よりも高くなっている。特に、その傾向は、若年層において顕著である。その結果、彼らは、自分自身の文化やアイデンティティーは、イスラムであると自覚するようになる。さらに、欧米のマスコミにおいて、イスラム教徒に対する偏見や警戒心を煽る報道がなされることが多くなっている。そのことは、欧米社会に対する不満や疎外感を増長させている。その他、イスラエル・パレスチナ問題、アフガニスタン、イラク戦争など、西欧諸国の介入によって多くのイスラム諸国で甚大な被害が生じている。

彼らは、自分たち自身が欧州社会から疎外させていることから、西欧社会全体においてイスラムは受け入れ難い存在であると連想するようになっている。こうしたことから、欧州社会から差別や疎外されているイスラム教徒の若者は、欧州諸国においてテロを引き起こしているイスラム過激派の活動を容認し、自らもテロ行為に加担するようになるのである。しかしながら、その過程において、自ら自発的に活動に参加するというよりはむしろ、組織団体によって扇動されることの方が多いのである。

テロリストの予備軍のリクルートが最も頻繁に行われるのは、モスクや刑務所内といわれている。だが近年、英国、フランスなどイスラム教徒の学生が多い国では、高校や大学などの教育機関でもリクルート活動が活発に行われているのである。

5　モスクとイスラム教導師の役割

イスラム教徒にとって、モスクは、単なる信仰の場所ではない。モスクでは、礼拝が行われるだけではなく、イスラム教導師により政治、文化や社会など様々なテーマに関する説教が行われる。また、コミュニティーにおける重要事項に関する意思決定のすべてはモスクで行われる。政治に関する重要事項やマドリードの同時爆破テロなども、モスクで意思決定がなされている。モスクは、その他にもイスラム教徒の意見、感想や感情の交換の場になっており、仕事の斡旋やビジネスの商談などにも利用されている。さらに、助けを求める者の救済の場所でもある。イスラム・コミュニティは、援助の必要な人を可能な限り支援する。そのため、人生に絶望感を抱いている人や心に傷を負った人たちが、心の傷を癒すためにモスクに駆けつけるのである。ちなみに、過激派の信奉者になりやすい人は、人生に絶望感を抱いている人たちが多いと言われている。移住国において、差別や迫害などを受け、絶望感に浸っている移民は、モスクに助けを求めるのである。

ところで、近年、欧州圏内のカトリック信者が教会内で問題を抱えることが多くなっている。カトリック教会の品位が極端に落ちてしまい人生に絶望感を抱いた信者たちが教会ではなくてイスラム教のモスクに駆け寄るという、従来では考えられない異変が起きている。最近、こうした例は多く、スペインのムルシアでも干ばつで甚大な被害を受けた多くのカトリック教徒であるはずの農民が、イスラム過激派組織に身を寄せているのである。このように過激派グループは絶望感を抱いた人たちの病んだ心に付け込んでグループへの参加を勧誘するのである。

欧州のイスラム・コミュニティの中で過激派組織のイデオロギーを浸透させるために重要な役割を果たしているのが導師である。

スペインの有力紙「エル・パイス（El Pais）」によると、パキスタンには、一万人以上の過激派の導師がおり、彼らから指導を受けるために世界中のイスラム国から年間およそ一〇〇万人のイスラム教徒が訪れているという。

イスラム教徒が過激派を支持する風潮は9・11事件以降とくに目立っている。イスラム教国における教育機関でも、通常の授業において「ジハード」が論ぜられることが多くなっている。さらに、学校の教科書にも、過激な行動や嫌悪感を抱かせる内容のものが記述されるようになった。

こうした傾向は、欧州におけるイスラム系の学校でも見られるようになり、移民の子弟だけでなく大人も通学している。イスラム系の学校に通う大きな理由としては、①子供たちが自分たちの言語および伝統文化や宗教を学ぶため、②移住国で差別や迫害を受けている同じ境遇の人たちが集まり、互いの孤独感を癒すため、などである。

さらに、過激派グループがマドリードのテテゥアン地区にあるモスクを自分たちの思うままにコントロールしようと企んだように、イスラム協会やコミュニティーの役員会などに過激派のメンバーが潜り込んでいるのである。欧州のイスラム・コミュニティーにおけるモスクやイスラム文化センターはそれだけイスラム教徒にとって重要な場所なのである。

過激派組織は、自分たちの活動に賛同していて、欧米文化に関して知識のない純粋な導師をEU域内のイスラム文化施設やモスクに派遣し、信徒に過激派の教えを説かせているのである。ちなみに、現在、フランスには一六〇〇人のイスラム導師がおり、一六〇〇カ所のイスラム教の信仰場所がある。また、スペインには、一〇の大きなモスクと四五〇のイスラム教の信仰場所があるが、こうした場所にイスラム系過激派が影響力をもっているのである。

第6節　イスラム教への改宗者とテロの脅威
――欧州連合（EU）の移民学生とイスラム系過激派組織の関係――

現在、欧州連合（EU）の大学にイスラム諸国からの留学生が増えている。スペインのグラナダ市にあるグラナダ大学薬学部の場合、スペイン政府から奨学金を受けている学生を含めて計四五〇〇人（うち三七〇〇人はマグレブ諸国出身の学生）のイスラム系の留学生が在籍している。もちろん、欧州の大学で学んでいるイスラム系の留学生がすべて過激派組織の活動家と言うわけではないが、彼らの中には、表向きは、真面目な学生として勉学に励んでいるが、実際には、留学先の国内において、秘密結社を設立して過激派の原理主義思想を広めている者がかなり多く含まれているのである。

事実、イタリアのペルージャにおいて、イスラム原理主義組織の「ムスリム同胞団」の支援によって「イタリア・イスラム学生連合」が設立されている。その後、この組織は外部から物心両面にわたる援助を受けて他の都市とのイスラム協会ネットワークを確立し、一九九〇年代には「イタリア・イスラム組織連合（ＵＣＯＩＩ）」にまで発展している。

また、英国においても、「ムスリム同胞団」は、英国ムスリム評議会において強い影響力を持っているのである。その他にも、多くの欧州の大学内において、「ムスリム同胞団」に賛同している学生活動家によって秘密結社が設立され、過激派組織への勧誘が行われているのである。

１　イスラム教への改宗者とテロの脅威

現在、欧州および米国当局のテロ対策担当者がイスラム過激派組織によるテロを未然に防ぐために、最も注目して監視しているのは、キリスト教からイスラム教へ改宗した欧州人である。その他、イスラム系と結婚している欧州人、イスラム系移民の二世や三世などであり、欧州の国籍を持ち、イスラム系過激派団体と接触している人たちである。彼らはＥＵ市民であるため、ＥＵの旅券を所持することができるのである。通常、ＥＵ諸国の旅券（パスポート）を所持していれば、短期間であれば世界のほとんどの国を査証（ビザ）なしで入国することが可能である。また、それによって、当局の警戒心が薄れることもある。さらに、改宗者は、姓名や出身国からテロリストであるという疑惑の目で見られることも少なく、当局がテロリストを特定することを一層困難にさせている。さらに、国籍を持っているものは、逮捕することが難しく、仮に逮捕されても国外退去させられる心配はないのである。

2 増加するキリスト教徒のイスラム教への改宗

数年前にイラクでイスラム教に改宗したベルギー出身の女性による駐留米軍に対する自爆テロが発生した。これは、ヨーロッパの白人女性による初めての自爆テロである。彼女は、モロッコ人の男性と結婚し、イスラム教に改宗している。ちなみに、彼女の夫もイラクで自爆テロを起こして死亡している。

ウォール・ストリート・ジャーナル（Wall Street Journal）によると、9・11テロ事件後の一年間に、七万一〇〇〇人のドイツ人がイスラム教徒に改宗している。このように、西欧においてイスラム教徒が増加する理由としては、まず、西欧社会において、男女平等や女性の地位の向上が進んでおり、西欧の男性は地位が奪われるという恐怖心を持つようになっている。そのため、西欧の男性は、次第にアジア系女性に魅力を感じるようになっている。また、刑務所において、西欧諸国出身の囚人の心にうまく入り込んだイスラム教徒によって、イスラム教に改宗させられているケースが多いのである。

白人から人種差別を受けているアフリカ系アメリカ人やカリブ諸国出身のアフリカ系ヨーロッパ人の中には、イスラム社会においては人種差別が存在しないという先入観でイスラム教徒に改宗する者が多い。しかしながら、実際には、スーダンなど多くのイスラム諸国において、厳格な奴隷制度が未だに存在しているのである。

3 イスラム改宗者とテロの脅威

イスラム教徒に改宗した西欧人がイスラム系過激派組織によるテロ活動に関与するケースが増えている。イスラム教に改宗した者の多くは、自国の文化や慣習をよく理解しており、日常生活においても他の者と同じような生活をしている。また、外見、姓名や出身地などからもイスラム教徒であると判断することが難しく、モスクなどイスラムの施設に出入りをしていなければ、イスラム教徒であると気づかれることはほとんどない。さらに、彼らは、国外追放されることがないのである。また、彼らは欧州の旅券を所持していることから欧州圏や米国など多くの先進諸国へ査証なしで往来することが可能である。例えば、英国人リチャード・レイドは、パリ―マイアミ間を就航している航空機爆破を計画し、自分の靴の底に爆弾をセットして機内へ搭乗しようとしたが未然に発見されている。こうした例から、現在、世界中の空港で靴をチェックするようになっている。

ところで、二〇〇五年七月七日に発生したロンドンのテロの実行犯のジャマイカ人移民も改宗者である。その他、「アル・カイダ」との関係の疑惑でフランスにおいて身柄拘束されているドイツ人とポーランド人の間に生まれたクリスティアン・ガンサルスキー、イタリア・ミラノ市の地下鉄駅の放火やシチリアのギリシャ正教の寺院の襲撃を計画していたイタリア人、ドメニコ・クアランタなど、欧州各国においてイスラム教へ改宗した人物がテロ計画に加わっているケースが着実に増えているのである。

4　イスラム教徒との婚姻による改宗者の増加

西欧の女性は、イスラム教徒の男性と結婚することによりイスラム教に改宗している。そのような女性は、一般的に、無邪気な女性でエキゾチックな男性に惹かれて結婚するケースが多い。また、何らかの事情により心に傷を負い、人生を未知の世界でやり直したいと願って結婚する女性もいる。さらに、救いようのないような苦しみに陥り、追い込まれたようにイスラムに改宗する女性もいる。前に述べた自爆テロを実行したベルギー人女性は、青春期にアルコールと麻薬中毒者であった。

西欧において、イスラム教に改宗するカトリック信者が増えていることを嘆き、二〇〇四年、当時のローマ教皇ヨハネ・パウロ二世は、「イスラム教徒と結婚する前にもっと真剣に考えるように……」と、カトリック信者に警告している。また、教皇は、イスラム教徒に対し「人権、男女平等や民主主義を尊重するように」と呼びかけた。

通常、イスラム教徒と結婚する場合は、イスラム教に改宗することが義務付けられている。だが、結婚後、イスラム過激派組織に対して協力を拒んだり、イスラム教への改宗を拒否した女性が殺害されることが多く、米国においても、ギアナ人のイスラム教徒が、彼の子どもを身ごもっていたヒンズー教の女性がイスラム教徒への改宗を拒否したため殺害している。一般的に、イスラム社会において、女性の自由が束縛され虐待されることが多い。また、欧州や米国などにおけるイスラム移民コミュニティーにおいても同様のことが起こっている。イスラム教の女性は、家族から暴力や性的虐待を受け妊娠し堕胎させられることも少なくない。

ところが、仮に、被害に遭っている女性が警察などに訴え出た場合、家族によって売春行為の強制や殺害されることが多いのである。さらに、中東、アフリカ諸国（二八カ国）、欧州や米国など世界にあるイスラム系の移民コミュニティーにおいて、女性の性的欲望の防止やイスラム教の慣習などによって、少女や成人女性が生殖器を切断されることが多い。現在、すでに一億三五〇〇万人の女性がこうした被害に遭っており、さらに毎年二〇〇万人がその危機に瀕しているといわれている。

前に述べたローマ教皇の警告は、カトリック教徒がイスラム教に改宗することを恐れただけではなく、こうしたイスラム社会の女性に対する虐待や殺害を闇に批判し、イスラム教徒との結婚はリスクが高いことを訴えたのである。

第7節　欧州連合（EU）におけるイスラム増加による潜在的脅威

イスラム過激派にとって、欧米の女性との結婚には大きな意義がある。欧米の女性と結婚することは、単に国籍を獲得できるだけではなく、欧米諸国においてイスラムを広げることになるのである。つまり、欧米の女性との間に子供を授かることにより、その国においてイスラムの血を継承させ、純粋なイスラム教徒を増やすことができる。また、欧州において、イスラム教徒の出生率は高く、イスラム教徒以外の女性に比べて三倍の出生率に達している。したがって、このまま推移した場合、二〇一五年にはイスラム人口は現在の二倍に増加し、二〇五〇年には、欧州総人口の二〇％にまで膨れ上がると予測されている。このように、欧州や世界中において着実にイスラム化が進んでいるのである。

ところで、英国の「オブザバー（Observer）」紙上で、元英国在住のイスラム系過激派の導師は、〝われわれは民主主義を活用して民主主義を崩壊させるだろう。聖書はコーランに取って代わるだろう〟などとコメントしている。前述したように、ジハードの究極の目的は世界征服である。彼らは、欧州の民主主義を活用してイスラムを欧州に広げるという戦略を持っている。ちなみに、民主主義の政治は政党政治によって運営される。つまり、選挙権を持ったイスラム人口の増加は、イスラム系政党の国内での権力を拡大させる可能性に結びついているのである。現在、それらの政党の支持者は少数派だが、今後、国籍取得者など選挙権を持ったイスラム人口の増加に伴い、支持層が拡大する可能性は大きい。

第5章

欧州連合（ＥＵ）諸国のテロリズム対策
――英国の欧州連合（ＥＵ）離脱に伴うテロ対策への影響――

第1節　英国におけるテロリズム対策

9・11テロ事件以降、英国政府は、テロ対策として様々な法律を制定し、英国のホームランド・セキュリティーの強化を促進している。二〇〇一年、反テロ・犯罪・安全保障法を制定し、許可なく航空機や飛行場の制限区域に侵入した者を強制退去および警察官が令状なしに逮捕できるようにするなど、9・11テロ事件後、英国の航空セキュリティー対策をより強化している。また、英国政府は、航空機の搭乗者及び荷物の厳重なチェック（特に、米国やカナダ方面へのフライト）、機内に持込が禁止されている物品のリストの拡大も行うようになっている。そして、二〇〇二年には、英国登録の航空機に搭乗する武装警備官の訓練プログラムを発表し、現在では、大西洋を横断する幾つかの定期便に武装警備官を搭乗させている。地下鉄においても、ロンドンでの同時爆破テロを受けて、いくつかの鉄道や地下鉄の駅において、試験的に乗客と荷物のチェックを行っている。その他、海底トンネルを通過する電車の車内に不審者が潜んでいないか監視できる最新の技術の導入、空港や港湾において、危険物の発見を容易にするための装置の設置などのテロ対策が講じられている。

英国では二〇〇五年七月七日に主要国（Ｇ８）首脳会議に合わせたロンドン爆破テロ後、二〇〇六年八月に大規模な航空機爆発テロが発覚し、約一年後の二〇〇七年七月にもロンドン、グラスゴーで新たなテロ事件が相次いだ。

このように英国が毎夏にテロの標的となった理由は、英軍がイラク戦争開戦以来、イラクに約五五〇〇人の兵力の駐留を続けていたことにある。また、英国には仏独に次ぐ一六〇万人のイスラム教徒（当時は、うち約一〇〇〇人が「アル・カイダ」のメンバーと推測される）が居住しており、それらのうちイスラム系男子の失業率は一三％（二〇〇四年）に上るなど、生活水準が低いのである。こうした不満を持つ層が、過激な思想に傾斜していると言われる。

また、二〇〇五年七月のロンドンでの爆破テロ後、ブレア政権（当時）は、テロ防止の長期的戦略として、英国に居住しているムスリムの英国社会への統合を促進させることと、イスラム過激派組織との闘争に重点を置いた対策を強化している。

英国の新しいテロリズム対策として二〇一〇年以降テロ対策のための保安と情報活動の強化のため、一九〇〇人増員することを決定した。また、海外へテロ活動に従事する目的で出国する者に対し、パスポートを没収することを規定した。その結果、二〇一四年に二四人の出国者のパスポートを無効とした。

さらに、テロリズム・インターネット照会装置を通して過激派のビデオの除去作業を実施しており、現在、毎週一〇〇〇個の不法なテロリズム関連の情報の除去を行っている。

このほかテロの４Ｐ防止策を次のように実施している。

（１）追跡（pursue）……テロリストとその支援者を追跡し、テロリスト組織を攪乱すること。
（２）防止（prevent）……テロリズムが発生する根本原因に対処すること。
（３）防護（Protect）……攻撃に対する回復力を向上させること。
（４）準備（prepare）……テロ事件が発生した後、これに即応できるよう要員および資源を配置すること。

1　テロリズム法の施行と諜報活動能力の強化

英国当局は、「アル・カイダ」やその他のイスラム系過激派組織対策として多くの法律を施行している。また、英国警察や情報部によるモスクの監視も強化されている。英国当局は、過去数年間にいくつかの大規模なテロ計画の未然防止に成功している。例えば、シシンやその他の化学兵器の製造の疑いがあった「アル・カイダ」の基地の解体に成功している。対テロ対策としての諜報活動や法の施行は、英国がマドリードでの同時爆破テロ後に発動した対テロリズム戦略の柱である前述の、防止（prevent）、追跡（pursue）、防護（protect）、準備（prepare）から成っている「４Ｐｓ」の防止と追跡において最も重要な役割を果たしている。9・11テロ事件以降、英国当局は、テロ防止法に則って九〇〇人を逮捕している。しかし、一三八人のみがテロの容疑に掛けられ、そのうち二三人が有罪の判決を受けている。また、英国政府は、ロンドンでの同時爆破テロを受けて、英国警察と情報機関の予算の増加を発表している。その増加分の多くは、警察と情報機関の調査能力やテロ対抗措置に充てられている。例えば、アラブやアジア諸国の言語に精通した警察官や諜報官の採用促進や警察官や諜報官の訓練にあてられている。

二〇一一年一月に公表された「対テロリズムおよび安全保障権限の見直し」において、①管理命令より権利侵害を軽減した新しい措置を導入し、②特段の緊急事態に限って議会の承認を得た上でより強い権限を導入することが言明された。同年五月二三日に①に該当するテロリズム防止及び調査措置法案が下院に提出され、一二月一四日、二〇一一年テロリズム防止及び調査措置法として成立した。また九月一日には②に該当する強化テロリズム防止及び調査措置法（Enhanced Terrorism Prevention and Investigation Measures Bill: ETPIM）草案が公表された。

二〇一一年法制定によって、英国のテロリスト容疑者は、管理命令からより穏健なテロリズム防止および調査措置（Terrorism Prevention and Investigation Measures: TPIM）に取って代わられたが、国内外の情勢の変化により、再び強硬措置への揺り戻しを経験することとなった。その大きな要因となるのが「イスラム国（ＩＳ）」の台頭とそれに伴うテロリズムの脅威増大である。イラク・シリアに渡航し、「イスラム国」の戦闘員となった英国市民は七〇〇人で、そのうち半数が帰国していると言われており、こうしたテロリスト予備軍増大に危機感を抱いた政府は二〇一五年法を制定し、ＴＰＩＭで課すことのできる制約の幾つかが管理命令に近い強硬なものへと改正された。

さてここで二〇一一年法と二〇〇五年法の違いと、二〇一五年法によって再度加えられた改正について要点を概観してみる。

①二〇〇五年法の下では管理命令の根拠は、国務大臣が合理的根拠に基づいてテロリズム関連活動への関与をうたがうことだったが、ＴＰＩＭの根拠は国務大臣がテロリズム関連活動への関与を合理的に認めていることで、立証の基準がより厳格になっている。

②ＴＰＩＭは管理命令と異なり無制限な更新を行うことができず、新しいテロリズムに関連する証拠が浮上しない限り、二年で有効期間が切れる。

③管理命令は移住を強制し、又は特定地域から出ることを制限できたが、ＴＰＩＭではできない。なお、二〇一五年法第一六条による追加条項によって、自宅から二〇〇マイル以内なら強制移住が可能となり、同第一七条による追加で特定地域から出ることを制限することが可能となった。

④外出禁止、通信及び交流の制限が管理命令に比べて緩和される。

二〇一一年法と並行する形で公表されたＥＴＰＩＭ法案草案は、「強化テロリズム防止及び調査措置（Enhanced Terrorism Prevention and Investigation Measures Bill: ETPIM)」により、ＴＰＩＭより強硬な次のような行動の要求・制限を課すことを可能としている。

（1）連合王国内の国務大臣が決めた任意の場所に強制移住を課す。

（2）特定地域から出ることに制限を課す。

（３）一六時間までの外出禁止を課す
（４）通信機器所有の完全禁止を課す
（５）あらゆる他人との交流／連絡に制限を課す

なお、英国政府はＥＴＰＩＭ法案草案で導入される措置は、いずれも欧州人権条約の定める権利と両立するとの見解を示しており、したがって「国際テロリスト容疑者」認定および管理命令におけるような適用除外は想定されていない。

2　国境と交通機関に対するセキュリティーの強化

9・11テロ事件の影響で、英国への亡命を悪用して入国している不法滞在者、テロリストやその他のマフィア組織を抑えるため、移民や亡命のための手続き方法を厳格にしている。また、ロンドンでの同時爆破テロを受けて、英国政府は、憎悪を抱かせ暴力を支持する者、英国入国を受け入れられない聖職者及びテロリストとの関連が疑わしいため難民申請が拒否させた者を容易に国外退去させることができるようにする計画を発表している。

さらに、英国は、英国の航空、海上や鉄道、英国とフランスを結ぶ海底トンネルなどの交通システムに対するテロ対策の強化も実施している。英国は、一九八八年のパンナム爆破墜落事件以後、交通システムにおけるセキュリティー対策、特に航空における対策を幾つか制定している。

3　緊急事態に対する対応と準備の改善

英国は、テロ対策として緊急事態の対応を強化するため、民間緊急事態法を制定している。この緊急事態法は、市民の保護、対応計画の有効性や財政運営の能率向上、緊急事態発足時に最初に対応を迫られる地方自治体、警察、中央政府が、緊急事態が発生する可能性を予期し、緊急事態対応計画を策定させることを容易にするものである。また、民間緊急事態法により、政府は、議会の承認なく緊急事態を発令することが可能になり、危機の防止や制御のため必要と判断された際、民間の避難命令、一般市民が危機の発生場所に近づくことを禁止、動産の臨時徴用、特定の場所への民間の出入りの制限、などを行えるようになっている。

一方、英国警察では"Hide, Run, Tell"という標語を使用し、パンフレットやビデオを作成し、テロ攻撃に遭遇した時の対処方法を一般市民に広めている。この対処方法というのは、銃撃等があった場合は、まず安全な場所に隠れること（"Hide"）、安全な状況を確認したらその場からひたすら逃げること（"Run"）、完全に安全な場所まで逃げることができたら警察に通報すること（"Tell"）というものである。万全とは言えないものの、パリで発生したテロ攻撃のようなケースでは、少しでも生存の確率を上げる方法であると思われる。

4　英国特殊空挺部隊（SAS）

一方、英国の特殊空挺部隊（Special Air Service: SAS）は、英国陸軍の特殊部隊であり、現在の欧米諸国に置かれている特殊部隊の手本となった。オーストラリアなど英連邦諸国には、合同訓練を実施したうえで、名称まで同じSASとした特殊部隊が幾つか存在している。「特殊空挺部隊」と訳されるが、現在の部課は空挺・海挺・偵察・山岳に分れており、破壊工作や敵陣付近での軍用車による偵察活動だけでなく、英国国王等国内外の要人の警護、テロ行為に対する治安維持活動および人身および捕虜の救出作戦の実行など、幅広い分野で活躍している。対になる組織として、海兵隊の特殊舟艇部隊（Special Boat Service: SBS）がある。SASには訓練施設「キリング・ハウス」がある。この施設は各種テロ状況を実演できる一連の部屋で、人質救出の訓練に使用される。また、ここで奇襲攻撃戦術を学び、敵と味方、人質の区別を即座にできるようにする。この「キリング・ハウス」は、米陸軍デルタフォースの訓練施設である「恐怖の館」の手本となった。**写真5-1**は、英国SBS海上テロリスト対抗部隊による海上訓練の様子である。

第2節　スペインにおけるテロリズム対策

スペインは、イスラム過激派グループのテロによって甚大な被害を受けている。スペインは、このテロ事件以前において、バスク地方の独立を訴える左翼テロ組織「バスク祖国と自由（ＥＴＡ）」との闘争から、ヨーロッパにおいて最もテロ対策が進んでいた国の一つであった。スペイン当局は、国内で活動するテロ組織を警戒するあまり、イスラム過激派グループの追跡や十分な対策を怠ってしまったのである。スペインの警察にはアラビア語の堪能な捜査官がほとんどいなかったため、9・11のテロ容疑者から盗聴した録音テープの内容を解析することができなかったのである。

さらに、ロンドンでも爆弾テロが発生したことから、スペイン内務大臣は、二〇〇五年一〇月、二〇〇六年度の予算で、内務省内でテロ対策活動に従事している職員の数を六〇〇人から九〇〇人に増員させ、二〇〇八年末までには一〇〇〇人まで増員する計画を発表した。また、内務省は、諜報活動の強化のため、新たに七〇〇人のアラビア語の通訳を雇うことを決定している。ちなみに、スペインにおける二〇〇五年度のテロ対策費は

写真5-1　英国 SBS 海上テロリスト対抗部隊（MCT）

出所：SAS ホームページより.

写真5-2　海外での人質救出作戦の訓練を実施するスペインの特殊部隊

出所：スペイン内務省ホームページより．

四一億七〇〇〇億ドルで、二〇〇六年には、四三億八〇〇〇万ドルに達している。

スペインは、緊急事態に対する対応（**写真5－2**参照）、法の施行、諜報活動や国境警備の強化を図る一方、モスクや刑務所の監視の強化を実施している。刑務所内では、スペイン人とイスラム系過激派のメンバーが一緒にならないように、イスラム系とスペイン人を別々の場所の留置所に入れる措置をとっている。これは、刑務所内でイスラム系過激派への勧誘活動が盛んなことから、イスラム系過激派のメンバーがスペイン人に接触できないようにするためである。ちなみに、二〇〇六年一月現在、スペインの刑務所には、テロの容疑で留置されているイスラム系過激派の容疑者が二〇〇人以上いる。

第3節　ドイツにおけるテロリズム対策

9・11テロ事件後、ドイツでは国内におけるテロ対策費の増加、関連法の改正や新しい法律の施行などを実施している。ドイツは、米国でのテロ以前、ナチス政権の経験から、国内における国民の自由や宗教・人種などに対して寛容な政策を打ち出してきた。そのため、ドイツでは、ドイツ市民以外の者も含めたドイツに居住する者の人権や自由を強く尊重してきたのである。また、ドイツは、欧州においてムスリム人口が多い国の一つであり、国内においてはイスラム教の信仰の自由が認められている。しかしながら、人権や自由の擁護を重視しすぎた結果、イスラム系過激派組織にドイツ国内に複数の活動拠点をつくらせてしまい、米国でのテロの実行犯三名が、ハンブルグなどのドイツ諸都市に数年間居住し、テロ計画を練ったのである。当時ドイツ国内において、①当局の監視が薄い、②国内のプライバシーの強い保護、③難民庇護の申請が他の国に比べて容易であった、④国内における信仰や表現の自由が法律によって強く守られていたことから、ドイツ当局はモスク内における活動を十分に監視することができなかったなど、容易にテロ活動を行うことが可能であったのである。

１　法整備の強化

９・11テロ事件を受け、二〇〇一年末ドイツ政府は、テロリストがドイツ国内で資金調達が出来ないようにするための法整備を行った。これによって、①ドイツ当局は、議会の承認を得て、宗教やチャリティーグループの監視や捜査を自由に行うことが可能となった、②ドイツにおいて、たとえ外国で活動する国外のテロ組織メンバーであってもテロリストを起訴することができる、③イスラム系過激派メンバーの国内への入国及び居住の規制、④国境警備と航空セキュリティーの強化、などが行えるようになったのである。さらに、連邦および地方レベルにおける、諜報機関の能率性とコミュニケーション能力が向上した。新たな法案が通過したことによって、ドイツの諜報機関と法施行者の情報収集および情報の評価能力が向上し、諜報機関と法施行者間での情報の共有やコミュニケーションが促進されるようになった。

２　ドイツにおけるテロリズム組織の撲滅運動

ドイツ政府は、国内におけるテロ組織の発見と殲滅に着手している。ドイツ政府によると、二〇〇四年現在、推定三万四〇〇〇人のイスラム系移民が二四のイスラム系過激派グループに関与しているという。ドイツ政府は、９・11テロの直後に、テロリストによるマネーロンダリング対策を発表し、二〇のイスラム系宗教団体の活動を禁止し、活動拠点数一〇〇カ所を強制捜査している。

写真5-3　ドイツの新しい特殊部隊 BFE+ の隊員

出所：ドイツ連邦警察ホームページより.

3　新移民法とテロリズム対策

二〇〇五年の一月一日に施行された新移民法は、当局が外国人容疑者を以前より容易に国外追放させることを可能にし、ドイツ国籍の取得基準も厳格にしている。この法律によって、外国人容疑者を国外追放する場合の障害が少なくなり、国外追放が迅速に実行することが可能になっている。また、この法律によって、過激派の運動家や以前アフガニスタンのテロ養成キャンプで訓練を受けたことのある者（現在過激派に加担してない者も含む）も国外追放することができるようになっている。さらに、ドイツ国籍取得に関して、国籍取得以前に当局によって厳格な審査が行われるようになり、移民の家族が自動的にドイツに滞在する権利も無効になっている。現在、ドイツにはテロリストではないかと疑われる人物の入国は大幅に減少している一方、社会統合プログラムによる教育や職業訓練、難民受け入れなどは、テロリストが国内における地位を確立することを可能にしている。また、イスラム系過激派のメンバーとドイツ国民との婚姻や移民の二世がイスラム系過激派に加担するなど潜在的な脅威が存在しているのである。ところで、ドイツにはテロ攻撃への対処や人質救出任務と言った深刻な事態への対処について、一九七〇年代に第九国境警備隊として『ＧＳＧ－９』に代表されるその専門部隊が確立されている。

また、州レベルでも同様にテロ対策に当たる体制が整えられており、州警察内に特殊部隊が配置されている。ところが、ドイツ連邦警察は、二〇一五年一一月のパリにおける同時多発テロを受け、緊急出動が可能な対テロ部隊

「ＢＦＥ＋」を発足させた（**写真５－３**を参照）。「ＢＦＥ＋」はドイツ語で「証拠収集と逮捕チーム」の略称。「ＢＦＥ＋」はパリ同時テロのように異なる場所で同時多発する広域テロへの対応を目指し、犯人追跡の捜査能力の向上に重点が置かれる。

「ＢＦＥ＋」は「ＧＳＧ－９」を補完する役割を担い、ベルリン近郊など五カ所に拠点を置く。五〇人規模で発足させ、二〇一六年中に二五〇人規模に増員する計画である。なお、ドイツでテロや凶悪犯罪に対応する部隊としてはこのほか、各州警察に「特別出動コマンド（ＳＥＫ）」が置かれている。

４　難民審査を厳格化
――偽造旅券対策を強化――

ドイツ政府は、大量に流入する難民の迅速な受け入れのために簡素化していた難民申請手続きを見直し、必要に応じて申請者と面接を行うことに決めた。偽造旅券で難民に紛れて過激派が入国するのを阻止するため、手続きを厳格化したものである。難民として入国した人が多数行方不明になっていることも判明し、ドイツ政府は警戒を強めている。行方不明になった難民の中には、スウェーデンなど別の目的地に移動する人に加え、犯罪者や過激派もいるとみられる。

ドイツはこれまで、難民申請手続きは書類で済ませていたが、今後、申請者の旅券や申請書類に記載された内容の矛盾や疑問点を申請者本人に問いただし、不審者を見つけ出す狙いがある。ちなみに、パリ同時テロ事件で自爆犯二人が偽造旅券を使用し、難民に紛れてギリシャからＥＵ域内に入っていたことが判明し、懸念が高まった。

イラクやシリアの内戦の泥沼化に伴いドイツは欧州入りした難民のほぼ半分を引き受けたが、それが災いして欧州で最低水準の失業率が悪化に転じている。ドイツ企業は人手不足に悩むものの殆どの難民は即戦力とはならず、雇用のミスマッチが起きている。

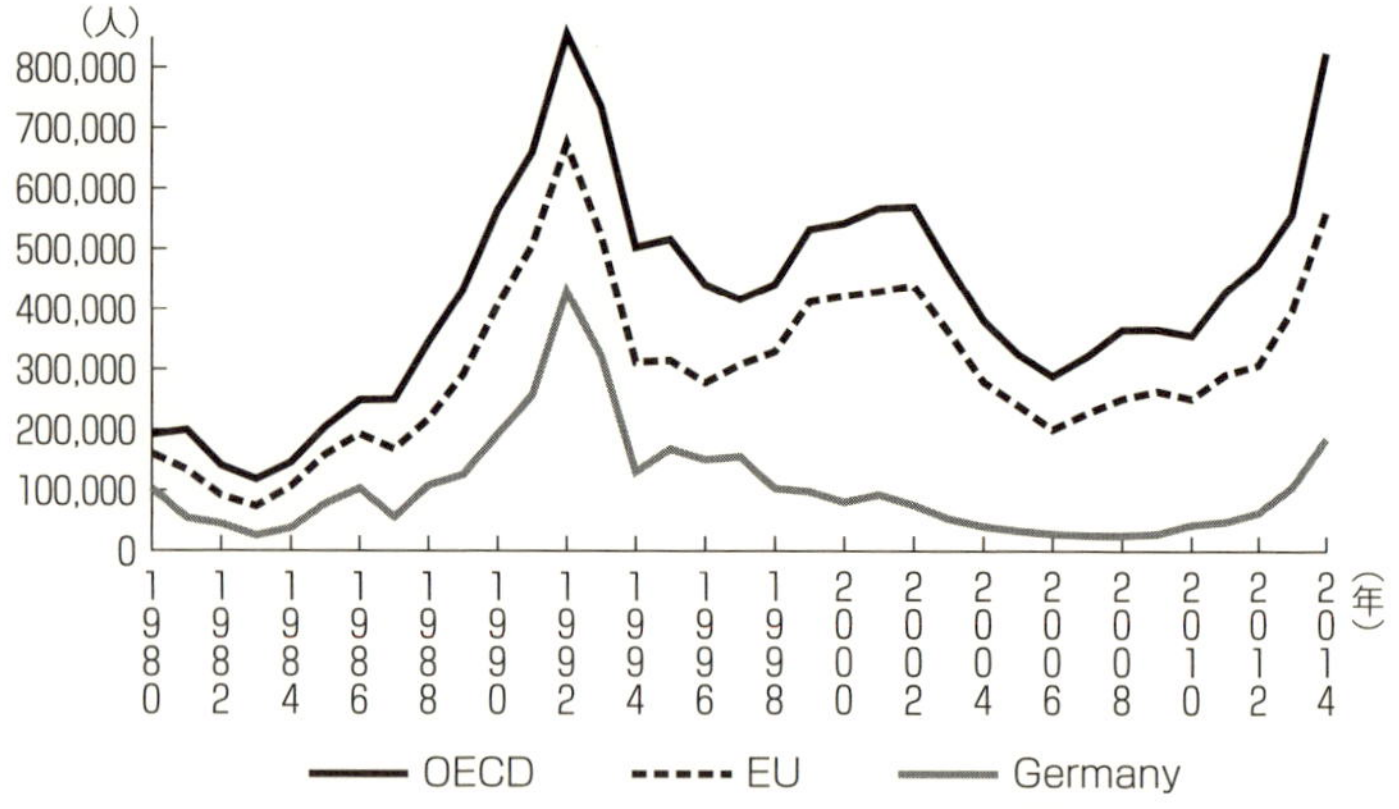

図表5-1　ヨーロッパにおける難民急増の危機

出所：OECD.

ドイツ銀行によると、ドイツが今後一〇年間で四五〇万人の難民・移民を受け入れて政策対応に失敗した場合、治安の悪化を防ぐために毎年一〇〇億ユーロ（一兆三〇〇〇億円）を超えるコストがかかるという。難民が社会に溶け込めずに失業がいまの二倍の一〇％まで跳ね上がり、失業給付が増えて財政を圧迫する。その不満から反難民感情がさらに高まり、社会不安が深まるという悪循環である。ちなみに、ドイツは過去一年間で一〇〇万人の難民を受け入れた。審査をパスした三〇万人が二〇一六年中に職探しを始めるという。

中東・北アフリカの民主化運動「アラブの春」以降、シリア内戦が激化の一途をたどるにつけ、前述したように大量に流入する難民の迅速な受け入れのために簡素化していた難民申請手続きの見直しを決めた。

ドイツはこれまで、難民申請手続きは書類で済ませていたが、難民申請者との面談で、旅券や申請書類に記載された内容の矛盾や疑問点を申請者本人に問い質し、不審者を見つけ出す狙いがある。ドイツには二〇一五年の一年間だけで約一〇〇万人が入国した。申請手続きは滞り、一時的な収容施設が不足するなど様々な問題が噴出した。このため、提出書類だけで滞在の可否を判断していた。だが、同年一一月のパリの同時多発テロで、自爆犯二人が偽造旅券を使い、難民に紛れてギリシャから欧州連合（EU）域内に入っていたことが判明し、懸念が高まった。なお、イスラム過激派組織「イスラム国（IS）」はシリアやイラクで一万人分以上の無記名の旅券を強奪し、特殊なパスポートの印刷機も入手したとされる。

ドイツでは二〇一五年一月以降、最大二五万人の入国者が難民登録申請などを行わず行方不明になっているとい う。行方不明になっている難民の中には、スウェーデンなど別の目的地に移動する人に加え、犯罪者や過激派もいると見られている。

第４節　ベルギーにおけるテロリズム対策

パリ同時多発テロを受けてベルギー政府は、二〇一五年一一月、シリアから戻ったイスラム過激派の身柄拘束や無登録モスクの閉鎖などを行うため新たな法律を導入すると発表した。テロ対策のため新たに四億ユーロ（五二八億円）を計上し、新たな法律では憎悪を煽るような説教や携帯電話のＳＩＭカードを匿名の人物に販売することを禁じる。一方で警察には夜間の家宅捜査を認める。

第５節　フランスにおけるテロリズム対策

フランスは二〇一五年一月および一一月の二回「イスラム国（ＩＳ）」のテロ攻撃を受けている。

フランスのテロ対策の基本法となっているのは、一九八六年九月に制定された「テロ対策及び国の安全の侵害に関する一九八六年九月九日の法律第八六―一〇二〇号」である。

テロ犯罪の法定化が行われたのは、一九九二年に刑法典と刑事訴訟法典が全面改正された際である。刑法典では、テロ犯罪についてまず目的や意図を、「威嚇又は恐怖によって公の秩序に重大な混乱を生じさせることを目的とする個人的又は集団的企てと意図的に関連する犯罪行為」と規定した。これがどういう具体的行為となって現れたときにテロ犯罪を構成するかについて第四二一―一条以下で規定している。

フランスでは、二〇〇五年七月に起きたロンドン同時多発テロ事件を契機に翌年の一月に「テロとの闘いに関する並びに安全および国境管理に関する諸規定」が制定公布された（二〇〇六年一月二三日の法律第二〇〇六―六四号）。

フランスにおいて　テロ犯罪の予防と抑圧の第一線となっているのは、内務省の国家警察総局に所属し、国内の諜報活動を担当している国土監視局（Direction de la Surveillance du Territoire: DST）と中央総合情報局（Direction Centrale des Renseignements Généraux: DCRG）である。また国防省に所属する憲兵隊と対外安全総局（Direction Générale de Sécurité Extérieure: DGSE）もテロ対策にあたっている。ちなみに、ＤＮＡＴと憲兵隊は国内で発生するテロ対策を担当し、ＤＳＴとＲＧはイスラム過激派によるテロ対策に重点をおいて担当している。

（1）国土監視局（ＤＳＴ）は、スパイ活動と闘い、フランスの主権に属する領土に外国権力が介入するのを防ぐために、一九四四年に創設された。現在では国内の治安を守るために、安全に関わる情報を収集し、脅威の推移を監視するのが基本的な任務となっている。ＤＳＴの主な任務は、①防諜、②対テロリズム、③核・生物・化学・弾道兵器の拡散又は組織的重大犯罪対策を含む経済的科学的財産の保護である。現在では特にイスラム過激派主義のテロの分野において捜査活動を行っている。

（2）中央総合情報局（ＲＧ）は、諜報活動機関。ＲＧの任務は、テロや民主主義と共和国の価値を攻撃するグループ又は個人との闘いである。都市郊外で発生する暴力や地下経済、様々な密売の摘発に従事している。

（3）中央司法警察局テロ対策課（ＤＮＡＴ）が捜査の対象とするのは主として、重要犯罪・凶悪犯罪であり、ＤＮＡＴの任務はテロ活動を摘発し、抑圧することである。

（4）憲兵隊は国防省に所属し、陸・海・空に次ぐ第四の軍隊として組織されている。軍内の憲兵業務のほか地方部における警察業務も行っている。その任務は犯罪捜査、暴動の鎮圧、海上の治安維持、テロ対策、政府庁舎等の警備、外国要人に対する儀仗業務などである。テロ対策には国家憲兵隊治安介入部隊（Groupement d' intervention de la Gendarmerie nationale: GIGN）と呼ばれる特殊部隊があたっている。

（5）　対外安全総局（ＤＧＳＥ）は国外の諜報活動が専門で、フランスの安全に関係する情報の収集・分析と国外でのフランスに対する破壊活動の予防と摘発、国家利益のための機密作戦を実施している。

フランス政府は二〇一五年一月、テロ撲滅のため新たな対策を導入することを発表した。導入が提案されたのは「名誉棄損」や侮辱を刑法犯罪とする。テロ関連で有罪となったり捜査されたことのある人物をデータベース化する、テロを煽ったり擁護していると思われるインターネットは司法判断がなくても遮断できるなどである。

名誉棄損の刑法犯罪化は「出版の自由に関する法律」のもと誹謗や侮辱などで被害を被った場合、被害者による申し立てが必要で、差し止め命令には限度があり、時効は三カ月である。刑法犯罪になれば、表現の自由を守るこうしたセーフカードが失われる。

ところで、フランスには人質救出作戦や対テロ作戦部隊の「国家憲兵隊特殊部隊（Groupe d' Intervention de la Gendarmerie Nationale : GIGN）」がある。

「ＧＩＧＮ」の隊員は全員が志願制であり、国家憲兵隊で五年以上の勤務実績があり、かつ勤務実績が優等であったもののみが対象となる選抜課程は極めて苛酷であり、このような条件をクリアした隊員ですら合格者は平均七％程度に留まっている。なお、合格した隊員は一〇カ月の訓練課程を経て部隊に配置される。

以上、欧州連合（ＥＵ）主要国のテロ対策について概観したが、テロとの戦いでは、英国のＥＵ離脱が大きく影響しそうである。英国はＥＵ内で最も防衛支出が多く、英国が抜ければ世界におけるＥＵの軍事的存在感が低下するのは必至である。ＥＵで域内の危険人物の追跡や、「イスラム国」の支配地域への空爆を主導してきたのは仏英である。外交でもＥＵは中東やアフリカへの影響力のある英国を活用しにくくなる。

難民や国境警備といった問題とも絡み、英離脱はＥＵのテロとの戦いに影を落とす。フランスは英国なきＥＵで自らに一層の負担が降りかかるのを懸念する。

「イスラム国（ＩＳ）」が本拠地で弱体化するほど、追い詰められて欧州でのテロに走るというジレンマもある。

第6章

移民と人種差別

第1節　欧州連合（ＥＵ）で拡大する人種差別

移民の増加に伴って表面化した深刻な問題の一つに人種差別がある。国連の定める「人種差別撤廃条約」では、人種差別を以下のように定義づけている。つまり「〝人種差別〟とは、人種、皮膚の色、世系又は民族的若しくは種族的出身に基づくあらゆる区別、排除、制限又は優先であって、政治的、経済的、社会的、文化的、その他のあらゆる公的生活の分野における平等の立場での人権及び基本的自由を認識し、享有し又は行使することを妨げ又は害する目的又は効果を有するものをいう」。

現在、欧州において、移民人口の増加にともなって、肌の色や言語の発音が違うなどという理由で不当な差別を受ける移民が目立つようになっている。

1　欧州における人種差別の被害者

欧州において人種差別の被害を最も受けているのはＥＵ市民でないマイノリティーである。しかし、仮に、ＥＵ市民であってもマイノリティーとして人種差別により暴力などを加えられることが多く、人種差別被害の対象になっているのは、①マイノリティー、②不法移民、③ユダヤ教徒、④ムスリム、⑤アフリカ人、⑥旧ユーゴスラビア出身者、⑦難民・亡命申請者、⑧ジプシー、などである。また、人種差別が発生する状況として、性別、年齢、居住地や収入などの個人の生活環境などによって変化することがある。例えば、貧困状態に陥っているとか、犯罪発生率の高い地域に居住している、などという理由だけで人種差別の対象になる頻度が高くなる。

さらに、イスラエルとパレスチナ問題、アフガニスタンとイラクにおける戦争、米国、マドリードおよびロンドンにおけるテロなどの影響で欧州における人種差別が増長している。確かに、9・11テロ事件後、欧州各地のイスラム・コミュニティーに対する人種差別が増加しており、ムスリムに対する暴力行為も着実に増えている。特に、フランス、ベルギー、オランダなどにおいて、中東紛争の影響などによって、イスラム系移民によるユダヤ教徒に対する人種差別が目立っている。

2　誰が人種差別をするのか？

欧州において、人種差別による暴力行為は、①一五から二四才の若い男性、②教育水準が低い者、③失業者、④極右団体などに加担している過激論者、③過去に極右団体に加わっていた者や、極右とは関係のないマフィア組織のメンバー、などによって引き起こされることが多い。また、アルコールや麻薬の消費がマイノリティーに対する暴力行為を助長させており、バーやクラブでの人種差別行為も増えている。一般的に、各国は人種差別の防止策として、主に極右グループの取締まりの強化に力を注いでおり、オーストリアやドイツでは、極右グループの活動に関する情報収集を徹底的に行っている。また、デンマーク、イタリア、スウェーデンにおいても、極右政治団体の活動の監視を強化している。

ところが近年、国によっては、多くの人種差別事件で極右グループが直接関与する事件数の割合が減少している。事実、フランスの場合、「国家人権諮問委員会（ＣＮＣＤＨ）」によると、一九九四年における人種差別事件の六八％は極右グループによる犯行であったが、二〇〇一年には一四％、二〇〇二年には九％と各々激減している。また、「オランダ国家人種差別監視センター（ＬＥＣＤ）」によると、二〇〇一年度に一九八件の人種差別の被害報告がなされたが、そのうち、わずか二〇件のみが極右グループによる犯行であった。さらに、二〇〇二年では二四二件のうち、九件のみが極右グループによる犯行であった。

3　人種差別が発生する主要因

欧州において人種差別が発生する主要因として以下の点があげられる。

(1)　治安を脅かす危険性

人々は偏見や無知という恐怖心から、マイノリティーに対して敵意をむき出しに示すことが多い。また国内における、犯罪率の増加、テロの脅威、失業者の増加などは、マイノリティーに原因があるといった先入観にとらわれ、彼らに対する不信感や不安を募らせるのである。こうしたことが結果として、マイノリティーに対する人種差別として表面化しているのである。さらに、何らかの事件やマスコミなどの報道によっても人種差別が増長されることがある。米国および欧州各地でのテロ事件やオランダにおけるイスラム教徒によるテオ・ファン・ゴッホ氏暗殺事件などの影響で、イスラム教徒は、潜在的脅威と見なされるようになり、欧州各地におけるイスラム教徒に対する暴力行為に結び付いているのである。

(2)　経済的な競争相手

マイノリティーなどの外部者は、大勢の国民の生計を立てるのを妨げる大きな脅威として捉えられる。特に、低額所得者や失業に瀕している者は、限られた収入源を外部者から奪われるという脅威を感じるのである。しかしながら、高額所得者も人種差別行為を行うことが多いので、経済的な問題を抱えている者のみが人種差別を行うわけではない。

(3) マイノリティーの人口規模

国内におけるマイノリティー人口の拡大や急速なマイノリティー人口の増加に対して敵意を示すことによっても、人種差別が生じる可能性がある。一九九〇年代の初めのドイツにおいて、大勢の難民や亡命申請者が入国し、移民に対する人種差別や放火事件が増加した。

(4) 極右組織の勢力

欧州各国における多くの人種差別行為は、極右政党や極右組織によって先導されることが多い。これらの政党や組織は、共通したイデオロギーを共有しており、ドイツやオーストリアなど過去に社会主義の土壌が存在していた国において支持を受けている。極右グループのメンバーはそれほど多くはないが、最近ではインターネットなどを通して、特に若者世代に強い影響力を持つようになっている。

(5) 人種差別の文化

人種差別が過去の歴史と関連しているという説もある。植民地支配やナチスなど人種差別が容認されていたという歴史的要素が現在の人種差別と関連性があると考えられている。例えば、過去に国家社会主義が存在していた国において、現在、極右政党や極右団体を支持する過激論者が多く存在している。

第2節　フランスにおける人種差別の実態

人種差別は、欧州のいたるところで、頻繁に発生している問題である。現在、欧州各国が移民政策を打ち出し、移民の統制などを行っている一方、国内における移民に対する待遇の改善や徹底した人種差別対策を図っている国は少ない。こうした状況の下で発生したのが、二〇〇五年一〇月にフランスのパリ郊外で起きた暴動事件である。

それではここで、欧州域内で、長い移民受け入れの歴史を持つフランス社会における人種差別の実態に焦点を合わせて見ることにする。

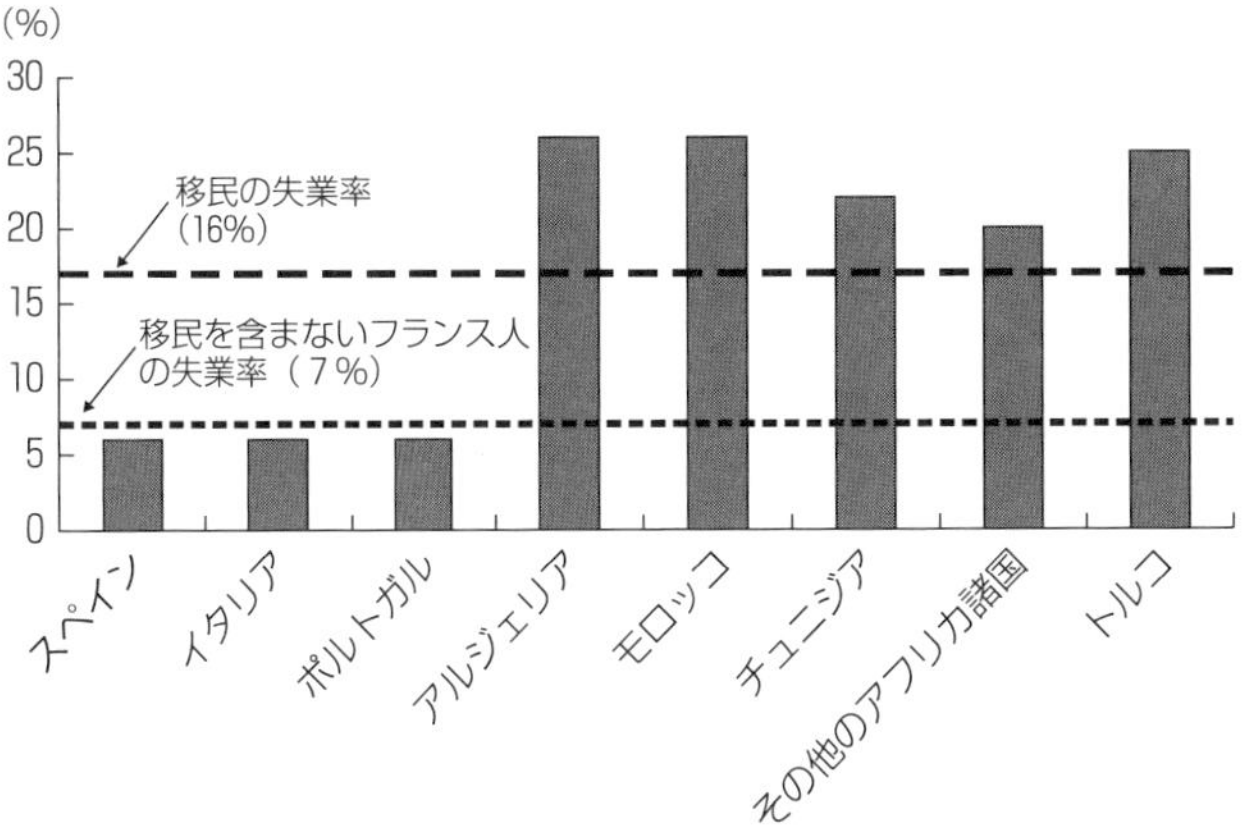

図表6-1　フランスにおける移民の出身国別失業率（2002年度）

出所：INSEE.

1　移民の失業問題と人種差別

欧州における移民人口の増加に伴って、人種差別が頻繁に発生するのが労働市場である。二〇〇五年にパリ郊外で発生した移民暴動の一つの要因として、欧州連合（EU）圏外出身の移民労働者の高い失業率があげられる。

フランス人と移民の失業率を、移民の出身国別で見ると、アルジェリア、モロッコ、トルコなどのアラブ諸国系が二五％以上であり、その他のアフリカ系（黒人）の移民は二〇％のかなり高い失業率を記録している[1]。これに対し、スペイン、イタリア、ポルトガルから

図表6-2　2002年度のフランスにおける年齢別失業率（%）

	総労働人口	移民を含まないフランス人	移　民
男性	7.9	7.1	15.5
15—24歳	18.2	17.9	24.9
25—39歳	8.4	7.5	18.0
40—49歳	5.6	4.7	13.8
50—59歳	6.0	4.9	13.7
女性	10.1	9.5	17.7
15—24歳	22.8	22.3	33.2
25—39歳	10.8	10.0	20.3
40—49歳	7.9	7.2	16.0
50—59歳	7.4	6.9	13.2
合　計	8.9	8.2	16.4

出所：INSEE.

の移民は六%と低い失業率であった（**図表6－1**を参照乞う）。

また、これを年齢別に見ると、一五歳—二四歳の年齢層において四人に一人が失業者であり、若者の失業率が目立っている。しかしながら、**図表6－2**に示したように、他の年齢層においても同様に失業率が高いことから、移民の失業問題が若者に限ったものではなく、白人系の若者の失業問題も深刻であることがわかる。

だが、移民の失業率を人種別で見ると、二〇〇五年のパリ郊外での暴動に多くのアフリカ系の若者が加わっていたように、彼らも深刻な失業問題を抱えていることがわかる。

若者の移民の両親がフランス人かそうでないかで見た場合、両親が移民である若者の失業率が三〇%に対し、両親のうち一人もしくは両親共フランス生まれのフランス人では各々、二〇%、二三%である。つまり、白人に近くなるほど、就業率が上昇しているのである。さらに、失業率を両親の出身国別で見ると、両親が南ヨーロッパ（スペイン、イタリア、ポルトガル）出身の子供の場合が二〇%なのに対し、両親がアルジェリアやモロッコ出身の場合は、二倍の四〇%に跳ね上がっている。このように人種によって失業率が変化していることがわかる。

こうした失業率の格差は一般的に学歴差によるものであると考えられる。確かに、多くの移民は非熟練労働者であり、その大半は無学歴者で占められている。しかしながら、近年、多くの若い移民の学歴が上昇しており、大卒や大学院修了者の高学歴者なのに、工場労働者になったり、失業したりしているのである。

フランスの研究機関「CEDOV」によると、同じ学歴の移民とフランス人との失業率を比較した場合、フランス生まれの純粋なフランス人の失業率はわずか五％に過ぎないのに、フランス国籍を有する移民の失業率は一一％、さらに、EU圏外からの外国人移民の失業率は一八％に達している。[2] こうした点からも、フランスの労働市場において、厳しい人種差別が行われていることが伺える。

また、「ECHOS」が実施した調査によると、七五％のフランスの有名企業の社員がフランスの企業における人種差別の存在を認めている。しかしながら、そのうちの七五％が自社における人種差別を否定していることから、フランスにおいて人種差別が実際に存在しているにもかかわらず、[3] 曖昧に扱われているのである。

2　労働市場における人種差別とその対応策

現在、公務員が過剰気味のフランスにおいて、外国人が、総雇用の二三％を占める官庁の職員などの公務員になることが禁止されている。[4]

一九九九年にフランス政府の支援によって設立された反人種差別研究グループの「GELD」が二〇〇二年に実施した調査によると、外国人移民は、郵便局、エール・フランス、SNCF、RATPなど、一〇〇万近くに及ぶ政府系企業のポストおよび小中高などの学校の教員になることが制約されていることから、総雇用の三〇％、つまり、約七〇〇万近くのポストに就くことが事実上できないのである。[5]

一方、民間企業においても、人種差別が存在していることから、多くのアフリカ系移民層において失業率が純粋なフランス人に比べて高くなっているのである。

フランスの多くの民間企業においても、白人以外の移民の受け入れを好まない傾向が強い。その主な理由として、①移民の能力不足、②企業の移民受け入れ態勢が不十分、③仮に移民を雇用した場合、取引先の反応が好ましくない、などがあげられる[6]。つまり、フランスでは、多くの企業が移民を雇用することを暗黙の了解で拒否しているのである。

このように、フランスにおいては人種差別によって、多くのアフリカ系の移民が姓名や住所を理由に面接を拒否されるケースが多く、訴訟問題にまで発展している。

例えば、フランスのアルサスにおいて一九九九年、アフリカ系の若者がある地元銀行に履歴書を送付したところ何の通知もなかった。その後、同じ履歴書をアルサス特有の姓名にかえて再び送付したところ、面接日の連絡があり訴訟問題にまで発展した。

近年、こうした訴訟が増えており、二〇〇五年度上半期において、八五〇件の人種差別の被害者からの訴えが、人種差別および不平等撲滅のための最高権力機関である「ＨＡＬＤＥ」に寄せられている。これらの訴えのうち四五％は、雇用に関するものであり、その中で最も多いのが出身国による差別問題である[7]。

さらに、アフリカ系移民は、企業に雇用された場合でも、会社内の差別によって、昇進や企業研修の機会が白人に比べて少なく、解雇になる確率も、白人に比べて高いのである。

こうした差別は、仮に国籍を有していても、肌の色の違いによって生じるのである[8]。

二〇〇四年一一月、三五社のフランス企業グループが、白人以外の人種差別に対し、「人種、文化、信仰」が、採用や昇進に影響を与えることをなくし、異なった文化的背景を持つ者の意見を入れることによって、企業内に様々な考え方を反映させ、そして、企業の発展に結びつかせるという目的の「多様性の憲章（Charte de la diversité）」に署名した。その後、この憲章に署名する企業が増加し、二〇〇五年一一月には、二五〇社以上の企業がこの憲章に合意している。この中には、過去に人種差別が訴訟問題にまで発展したことがあるフランスの自動車メーカー「ルノー社[9]」やスウェーデンの「ＩＫＥＡ社」なども憲章に合意している。

現在、人種差別による採用拒否の対策として、「モハメド」といったイスラム特有の姓名による応募者の採用を拒否することを防ぐため、多くの企業が履歴書を匿名で受け付けるなどの処置を講じている。しかしながら、憲章やこれらの対策の効果はほとんど見られない。

「情報と自由に関する委員会（ＣＮＩＬ）」は、企業に、従業員を居住地や出身国で分類することを禁止している。[10]そのため企業の人種別採用数を把握することができないという大きな問題がある。

このように、憲章に関して、「ＳＯＳラシスム」[11]のサムエル・トーマス氏のコメント[12]や「ＩＭＳ」の報告書[13]などで指摘されているように、現在の憲章は、人種差別のモニタニングなど、この問題を統制するものが欠けていることから今後、統計の改正やモニタリングを設置するなどして、まず、人種差別の実態を明らかにすることである。そして、その実態を正確に把握し、社員による人種偏見をなくす努力が必要である。

このようなフランスにおける人種差別は、雇用に関するものだけではなく、教育や住宅、そしてレジャーなど、日常生活のいたるところで見受けられるのである。

3　人種差別とアフリカ系移民隔離政策

フランスで奴隷禁止令が発令されてから一五〇年以上経っているが、依然として白人以外の外国人に対する人種差別が根強く残存している。
二〇〇五年七月二六日、「欧州人権裁判所（ＣＥＤＨ）」は、一九九四―一九九八年にかけてパリのフランス人夫婦宅において当時一五歳のトーゴ人の少女が無報酬で奴隷同様に扱われていた問題に対し、フランスは人種差別対策を十分に行っていないとして有罪の判決を下した。また、フランスにおいてこのような奴隷に等しい行為は多く、奴隷行為反対団体の「ＣＣＥＭ」によると、裁判所に毎年約三〇件の訴訟しか起こされていないが、実際には、毎年三〇〇件近くの奴隷に等しい行為が行われていると言われている。[14]
このようにフランスには明らかに多くの人種差別が存在しているにもかかわらず、その割には、人種差別問題が裁判に発展し有罪判決が下りるケースが、同様の問題を抱えているイギリスに比べて極めて少ないといえる。

事実、フランスにおける人種差別に対する訴訟問題で、一九九五年に七四件および一九九六年に八一件の有罪判決が下ったのに対し、イギリスでは、年間二〇〇〇件が有罪の判決が下されている。この数字は、決してイギリスにおいて、フランスよりも人種差別の件数が多いというのではなく、フランスにおける法的枠組みや国家制度の問題から、容易に人種差別の判決が下されなかったのである。その後、この問題が「GELD」の報告書などによって厳しく指摘され、労働法規における反人種差別に関する条項が強化されるようになったのである。[15]

一般的にこのような差別が行われる背景には、フランス社会において、厳格な社会階層が存在しているからと考えられる。つまり、人種差別は、階層によって上下が区別されている社会の弊害である。また、この階層は学歴社会であるフランスの教育と密接な関係があるといえる。

（1）フランスの階層社会と教育

フランスは伝統的に、貴族社会の強い階層社会が長年続いていた。現代フランス社会においても、未だに昔のような階層社会が存在していて、居住地域も階層によって区切られている場合がある。

フランスの階層社会を支えている要因の一つに学歴がある。その代表的なのが、エリート育成学校といわれるグランズ・エコール（Grands écoles）の存在である。一般的に、グランズ・エコールの入学は難しい試験や審査に合格せねばならず、ごく一部の学生しか入学できないのである。また、商業学校などは学費も高額のため、低所得者層の家庭の子弟が入学するのは困難となっている。さらに、入学審査の際、人種差別などによる不適切な選考が行われているといわれ、現在、六三％の学生は、企業の幹部や高級官僚など一部のテクノクラートの子息で占められており[16]、卒業後は、エリートとしてフランス社会を背負っていくのである。つまり、グランズ・エコールは将来、出世するための登竜門になっている。

これに対し、パリ政治学院（Science Po）は、低所得者層などハンディーを背負っている者に対する入学枠を設けるなどの処置をとっている。しかしながら、仮に、有名校を卒業しても、前に述べたような差別待遇によって、強力なコネ（推薦状）がない限り、政府機関や有名企業への就職は困難なのである。

（2）教育現場における人種差別

フランスでは、教育現場においても人種差別が多く見られる。初等学校では、二人に一人の外国人が同学年を二度以上繰り返すのに対し、フランス人は四人に一人だけである。さらに、二七％の外国人移民が学位を取得しないで退学するのに対し、移民を含まないフランス人は半分近くの一六％となっている。[17]

このように、多くの移民学生は学位を取得できず途中で退学している。その要因の一つに、教育環境の問題が指摘されている。多くの移民学生は、犯罪率や失業率が高い郊外に居住しており、一般的に、教育施設なども乏しく、そのために、適切な教育を受けられないでいる。また、移民の中には、言語による障害を抱えている者もいる。一方、多くの富裕者層が住む地域においては、文化施設が多く、教育環境も整っていることから、よりよい教育を受けることができるのである。このことは、当然、移民と純粋なフランス人の教育水準の格差を拡大させる要因となっており、ひいては将来の就職を決定づけ、低所得者が生活を改善することが困難となっている。つまり、フランス社会においては、工場労働者の子弟は、親と同じように工場労働者となり、テクノクラートの子弟はテクノクラートになる確率が高いのである。こうした傾向は、特に移民社会において強いといえる。現在、フランス政府は、このような格差の改善を図っているが、予想以上の成果はでていないのである。

フランスの多くの移民は、パリ郊外のサン・ドゥニのような特定地域にある低所得者用の公共団地などに住んでいる。現在、この地域には、三〇以上の異なる国籍の人たちが居住していることから、フランスは、移民に対して安い住宅を提供している寛大な国であるというイメージを内外に与えている。しかしながら、大半の住宅は不衛生的で、部屋にトイレ、風呂や暖房が完備されてないのである。また、中には建物の破損がひどく人間が住めるような状態でないものも多い。

「国立統計経済研究所（ＩＮＳＥＥ）」によると、二〇〇二年現在、フランスにおいて、一部屋に定員以上の人が同居していたり、室内にトイレ、風呂や暖房が完備されたりしていないなど、劣悪な環境下で生活している人が三三九万人いるといわれる(18)。そのような地域は、病院や文化施設なども少なく、公共交通機関も限られている。さらに、失業者が多く、治安が悪化している。そのため、多くの白人は、郊外に対するイメージが悪く、そこに居住している人たちを軽蔑するのである。

通常、多くの郊外に居住している移民は、経済的な理由によって郊外の低所得者用の住宅に住んでいる。しかしながら、二〇〇一年に、「ＧＥＬＤ」がまとめた「公衆住宅へのアクセスに際する人種差別に関する報告書」によると、すべてのアフリカ系移民が金銭的理由や家族構成の問題で低所得者用の住宅地に居住しているのではないという。この報告書には、多くの白人が、白人以外の人種を拒む理由としてまず、他の人種との共存への警戒心が強く、白人以外の人たちが集団で白人の居住区に住み着くことを拒絶しているのである。また、白人以外の住民が住むことは、その区域のイメージ低下に繋がるため、白人以外の住人を拒む傾向が強いと、指摘されている。こうした事情から、多くの外国人は、姓名、フランス語の発音などによって、仮に、アパートに空き部屋があっても入居を断られるケースが多いのである。つまり、パリなどに居住する多くの移民を含まないフランス人は、白人以外は郊外の公共住宅地に住めばよいと考えており、仮に、都心部で生活可能なアフリカ系やアジア人でも、人種差別によって必然的に郊外に追いやられるケースが多いのである。

近年、世界的な観光都市パリ市内において、作られた良いイメージを保つため、テロ対策の名目で警察による警備が強化されている。そのため、アフリカ系移民は、警察官に無作法に尋問されるなど、常に厳しい目で監視されている。このようなことから、アフリカ系移民は、白人社会の生活や観光客に目立たない郊外に隔離させられており、都市部においては、警戒、警備が強いことから、事件が郊外に集中しているのである。

第3節　スペインにおける人種差別問題

一九九〇年代後半まで、スペイン国内においてマイノリティーを目撃することはほとんどなかった。しかしながら、近年の国内における移民の急増に伴い、人種差別が目立つようになっている。また、二〇〇四年三月にマドリードで発生した列車同時爆破テロに移民が強く関与したことから、移民、特にイスラム系の移民に対する嫌悪感の増大や人種差別行為が増加している。

そのうえスペインでは、イタリアやフランスなどのように、サッカー場における、観客による黒人やアラブ系の外国人選手に対する人種差別行為が問題となっている。

1　サッカー場における人種差別問題

二〇〇六年にドイツで開催されたワールドカップにおいて、人種差別撲滅運動が大会を通して訴えられていた。しかしながら、イタリア代表とフランス代表との間で争われた大会決勝戦において、イタリア代表のマテラッツィ選手がフランス代表のジダン選手に対して、人種差別を連想させるような暴言を吐いたとして、世界中を騒がせる大きな問題となった。

現在、欧州各地の多くのサッカー場において、人種差別行為が日常茶飯事に繰り広げられている。その中でも特に人種差別行為が顕著な国の一つがスペインである。

二〇〇四年一一月一七日、マドリードのサンティアゴ・ベルナベウ・スタジアムで行われたスペイン代表とイングランド代表とのサッカーの国際親善試合において人種差別行為が発生している。この試合中に、スタジアムのスペインサポーターからイングランド黒人プレイヤーに対してサル真似をする〝モンキーコール〟が浴びせられたのである。翌日、英国のメディアはこの問題を大きく取り上げて報道したのに対し、スペインではこの試合の人種差別が問題として扱われなかったのである。この件に関し、英ブレア元首相は「極めて遺憾だ」と批判し、スペイン政府が謝罪する一幕もあった。

この問題に関し、元バレンシアCFの黒人選手は〝この試合は見ていなかったが、スペインのスタジアムではよくある事なので特別に驚くことではない〟とスペインの有力スポーツ紙にコメントしている。つまり、このような行為は、スペインのスタジアムでは特に珍しいことではなく、一般のスペイン人にとっては何も驚くことではなかったのである。例えば、スペインのリーグ戦では対戦相手の選手への人種差別行為は勿論のこと、肌の色が異なる自軍の選手のパフォーマンスが奮わなければ、ここにもスタンドからの厳しい人種差別的な罵声が浴びせられる。スペインのサッカー場では、この種の差別行為は、単なるブーイングの一つの手段に他ならない日常的な光景なのである。

スペインにおいてこの問題がマスコミで大きく取り上げられるようになったのは、英国などのメディアによって厳しく批判された後である。この問題は、世界のメディアによって大きく取り上げられ、国際サッカー協会から罰金まで課せられたことから、スペインのサッカースタジアムにおいて人種差別がなくなるかと期待された。

ところで、スペインのスタジアムでは、以前から多くの人種差別行為が行われていたわけであるが、前述の人種差別問題が世界的に大きく取り上げられた背景には、ロンドンとマドリードによる、二〇一二年のオリンピック誘致合戦があったためである。つまり、ロンドンは、マドリードに対するイメージを悪くするために、ＢＢＣなどのメディアを通してこのニュースを世界中に流したのである。

2　改善されないサッカー場における人種差別

世界中でこの問題が取り上げられたことによって、スペインのサッカー場における人種差別行為がなくなると期待されていた。ところが、翌年一月、同じような問題が再びマドリードで起こってしまったのである。スペインリーグ戦のマドリード・ダービーにおいて、アウェーのレアル・マドリードのロベルト・カルロス選手（ブラジル国籍）がボールを持った際に敵サポーターから〝モンキーコール〟を受けたのである。これにより、アトレティコ・マドリードはスペイン国家反暴力委員会により三七五〇ユーロの罰金を課されている。また、人種差別行為を扇動したと判明されたサポーターに対して、スタジアムからの追放と五カ月間のスポーツ施設への入場禁止および六〇〇ユーロの罰金を課せられた。しかしながら、この事件によって、クラブチームは罰金を課せられただけで、スペイン全土におけるサッカー場における対人種差別対策につながることはなかったのである。その後も、アフリカ系サッカープレイヤーに対する人種差別行為が依然として行われてきた。なかでも、元FCバルセロナのエトー選手（カメルーン国籍）に対する人種差別行為は地元のメディアで大きく扱われてきた。

二〇〇五年一一月、対ヘタフェ戦においても、エトー選手は人種差別行為を受け、ヘタフェはスペインサッカー協会から三〇〇〇ユーロの罰金を課せられている。その後も、同選手に対する人種差別行為は止むことなく、二〇〇六年二月に、二〇〇八年の万博会場であったサラゴサで行われたレアル・サラゴサとFCバルセロナの試合では、試合中のサラゴササポーターによる同選手への人種差別行為に耐えられず、ピッチを後にするのを審判に引きとめられるといった、試合途中に試合が一時中断される事件も起きている。これによって、レアル・サラゴサは、九〇〇〇ユーロの罰金を課せられている。

近年では、二〇一四年四月に行われたビジャレアル対バルセロナの試合で、右コーナーキックを蹴ろうとしたFCバルセロナのダニエウ・アウベス選手（ブラジル国籍）に向け、スタンドからバナナが投げ入れられるという事件があった。この人種差別行為を受けたアウベス選手は、動じる様子も見せず、手に取ったバナナの皮を剥き、平然と頬張ったことでその場を和ませた。この問題に対しては、ビジャレアルに制裁金一万二〇〇〇ユーロが課せられ、バナナを投げ入れた男性はスペイン当局に逮捕された。男性はビジャレアルのクラブ関係者であることが判明し、クラブを即刻解雇されたが、アウベス選手はその後の会見で「彼はふざけただけ。彼を復職させてもらいたい」とこの男を擁護している。

その他、前スペイン代表監督の故・ルイス・アラゴネス氏のフランス人黒人選手に対する人種差別発言が大きな問題に発展した。彼は、当時アーセナルでプレーしていたスペイン人選手のレジェス選手を動機付けるため元チームメイトのテリー・アンリ選手を比喩に用いた。しかし、その際、アラゴネス氏は「ネグロ・デ・ミエルダ（Negro de Mierda）」（クソ黒人野郎）という人種差別の言葉を用いたのである。だが、問題が発覚した当初、同氏は〝このような事はよくあること〟と記者会見で発言しており、悪いことをしたという反省は全くなかった。逆に、なぜ彼が非難されているのか疑問を抱いているようでもあった。このことは、スペインとの親善試合における人種差別問題の際に、英国の新聞でも取り上げられている。そして、その記事の中で、アラゴネス氏の人種差別発言は、彼が育ったフランコ独裁政権下における教育の影響が強いと指摘している。ちなみに、この事件を重く見たスペインサッカー協会は、同監督に三〇〇〇ユーロの罰金を課している。

3　フランコ独裁政権と人種差別

スペインにおいて人種差別が多い最大の起因は、一九三九年から一九七五年までの約三六年間に及ぶフランコ独裁政権下における外国人排他主義的教育の影響である。その間、彼は、現在の北朝鮮のように、自国を美化し、他国を極端に軽蔑するという異常な教育を施し国民を洗脳していたのである。

当時の小学生の教科書には、白人と黒人の違いについて、黒人とは「白人が考えられないほどひどい人種であり、白人とは相反する存在である」と、図版を用いて教えていた。

フランコ政権時代に国外へ持ち出すことを禁じていた『百科事典』によると、「アフリカとは、自分たちで国家を統治できない無教養の人たちが住む土地である」と定義している。

フランコ時代における徹底した外国人排他主義的教育がスペイン社会に浸透していたため、現在でも大半のスペイン国民は、黒人を軽蔑することを悪罵とは思っていないのである。

このようにスペインでは、フランコ政権下で教育を受けた年輩者だけでなく、若者も、家庭教育などを通して、知らぬうちに平気で人種差別をするようになっているのである。

4　公共の場における人種差別

人種差別は、サッカー場だけの問題ではない。スペインでは、南米出身者、アジア系やアフリカ系移民が公共の場所において不当な差別を受けることは日常茶飯事のことであり、最悪のときは殺害されるケースもある。また、白人以外の外国人が、公共で見知らぬスペイン人に、明らかに人種差別と判別できる言葉や態度を示されることが多い。さらに、ディスコなど娯楽施設においても人種を理由に入場を拒否されるケースが多いのである。

バルセロナにおいて、ペルー人のカップルがディスコに入ろうとしたところ人種差別によって入場を拒否された。そのことを不服にペルー人男性は、ディスコのガードマンに抗議したが、その後、別室に連れていかれて暴行を受けている。ペルー人は、暴行を受けて、複数の打撲傷と肩を脱臼する大怪我をしている。このようなことは、スペインの至る所で起きているのである。

5　住居探しで受ける人種差別

スペイン国内で移民が住居を探す場合、外国人であるという理由だけで入居を拒否されることも多い。人種差別反対団体の「ＳＯＳラシズモ」によると、スペインのバスク地方で住居を探す八〇％の外国人が、アパートや借家などを賃借りする場合、入居を拒否されたりする深刻な住宅問題を抱えているという。そのため、多くの移民は、仕方なく環境の悪い場所にある住居を、通常の家賃よりも高い賃貸料金で入居することが多いのである。とは言え、移民側にも、家賃の延滞や器物損壊などの問題がある。特に、南米からの移民は、真夜中に宴会を催すなど多くの問題を引き起こしていることも事実である。

数年前にバルセロナでモロッコ系移民五人が家屋倒壊によって死亡している。彼らは、家主の許可なく、自分たちで勝手に部屋の改築工事を行い、家が老朽化していたため、工事中に家が倒壊してその下敷きになって圧死したのである。こうした問題から、一概に、入居拒否を人種差別として家主を責める事はできないのである。

6　中国人不法移民と日本人

スペインには親日派の人たちが大勢いる。彼らは日本に興味を持ち、日本のことについて学んでいる人たちである。とはいえども、こうした親日派の人たちはスペイン人全体から見たらごく一部の限られた人たちである。つまり現実には、大半のスペイン人は、日本を含めたアジアに対する関心は薄く、そしてアジアに関する知識が極端に乏しいのである。そのため、彼らにとっては、日本、中国や韓国も皆同じに見ている。スペイン人はこれらの国の人たちを総じて「チーノ（中国人）」と呼び、軽蔑するのである。また、スペインでは中国人移民が増加していることから、以前と比べて少なくなっているが、よく街中で日本人が見知らぬスペイン人の子供や若者から「チーノ」と馬鹿にされることがある。こうした問題の背景には、フランコ時代のメンタリティーがまだ残存している証拠である。

ところで、中国人マフィア組織は、現地の犯罪組織と結託してマドリードやバルセロナを訪れる日本人出張者や観光客のパスポートを奪って偽変造旅券を作成し、それを使用して、スペイン国内に中国人を不法入国させているのである。そのため、スペイン当局が、中国人の不法在留者と日本人を間違えて職務質問等を行うことがある。

一〇年以上前に日本人観光客がマドリード市内で警察官から不当に暴行を受け、逮捕されている。当時、二三歳の日本人男性観光客がマドリード市内を、リュックを背負って歩いていたところ、路上で海賊版のCDを売っていた中国人と同じ格好をしていたことから、密売人と間違えられ警察官に尋問された。ところが、日本人観光客がスペイン語を話すことが出来なかったため、警察官と意思疎通ができず、結局、この日本人青年は警察署に連行されて暴行を受け、顔面と手首に軽い怪我をした。このように、日本人が中国人に間違えられて差別的な扱いを受けることがあるので注意すべきである。ちなみに、「SOSラシズモ」によると、近年、日本人以外にも警察官によって不当に暴行を受けたりする外国人が増加しているという。

7　極右団体による暴行事件

日本人が極右団体によって暴行を受けているケースもある。二〇〇二年五月マドリードのサンティアゴ・ベルナベウ・スタジアム付近で、バスク地方の左翼テロ組織「バスク祖国と自由（ETA）」による爆弾テロ（車爆弾）が発生した。当時、スペインに留学していた筆者は、日本の友人と一緒にサッカー観戦のためこの現場を訪れていた。その時に、偶然、爆弾テロに遭った。幸い、爆破による直接的な被害は受けなかったが、この現場に駆け付けた極右団体から激しい暴行を受けて、軽傷を負った。この極右団体の正体は、**写真6－1**のようにレアル・マドリードのゴール裏に陣取るウルトラ（熱狂的サポーター集団）、「ウルトラス・スール（Ultras Sur）」であり、後述するドイツのネオナチと深い繋がりのある団体である。一九八〇年にフランコ派のネオファシストを思想の原点として結成されたこの団体は、レアル・マドリードの支援活動を隠れ蓑に、政治的な活動を共にする若者達をリクルートし、クラブから提供されたチケットや選手実使用のユニフォームなどをネットオークションなどで転売、活動資金を荒稼ぎしていた。二〇一三年一二月、レアル・マドリードのフロレンティーノ・ペレス会長は、数々の問題行為（**写真6－2**参照）を繰り返したこの団体が、クラブの品格を著しく傷つけるとして、「追放処分」とした。しかしクラブは長

写真6-1　サッカーの試合でスタジアムのゴール裏に陣取るウルトラス・スール

出所：2003年筆者撮影.

写真6-2　2010年マドリード・バラハス空港で押収されたUltras Surの所持品

出所：マドリード自治州警察.

年の間、スタジアムには欠かすことができなかった熱狂推進役であったウルトラたちを特別待遇し、彼らの政治的活動の援助・助長してきた。このようにスペインでは、政治団体がサッカークラブチームを支援する〝ウルトラ〟を利用し、構成員の獲得や団体の活性化を図っているのである。

第4節　欧州連合（EU）における移民排斥運動と極右勢力の台頭

移民の増加に伴い、移民人口が多い欧州の国々の世論において、外国人嫌悪の動きが表面化し、反移民のスローガンを掲げる政党が出現している。また、フランス、オーストリア、ベルギーやオランダなどでは、これらの政党への支持が高まっているのである。このように、極右政党への支持が集まる大きな原因の一つとして、国内における移民増加により、①高い失業率を生んでいる、②社会コストを増加させ国内の社会保障の質の低下を招いている、③治安の悪化の原因になっている、と考える者が増加していることなどがあげられる。また、欧州におけるテロ事件などから、イスラム教徒に対する不信感や脅威を感じる者も増加しているのである。

1　フランスにおける極右政党

二〇〇二年の大統領選挙において、極右政党の予想外の躍進が注目された。極右政党「国民戦線」の党首ルペン氏が四八〇万票を獲得し、シラク大統領（当時）の対抗馬として考えられていた社会党のジョスパン氏の投票を凌ぎシラク大統領との決選投票にまで持ち込んだのである。また、決選投票においても、五二二万票（支持率一七・九％）を獲得している。このように、多数の票がルペン氏に投じられた背景には、国内における治安の悪化や失業率の上昇があげられる。ルペン氏は、このような問題の矛先を移民人口の増加にあるとし、移民排斥を訴えたのである。これによって、移民に職を奪われていると感じた失業者などから強い支持を得たのである。

二〇一五年一一月にパリで起きた同時多発テロ事件後に実施されたフランスの地域圏議会選挙の第一回投票で、極右政党の国民戦線（FN）が躍進した。全国の得票率はFNが二八％、サルコジ前大統領率いる共和党を中心とする右派グループが二七％、オランド大統領が所属する社会党が二三％だった。FNは全一三の選挙区のうち六つでトップに立った。FNはテロを機に「難民にテロリストが混じっている」として難民受け入れの即時停止や国境の警備や出入国管理の強化を訴え、テロの恐怖が残る有権者の支持を引き付けてきた。反難民や反ユーロを主張するFNは、寛容な精神で移民を受け入れ、欧州統合を進めて来たフランスの伝統的価値観を破壊する存在と言える。

2　ドイツにおける極右団体

近年、極右団体による移民やマイノリティーを対象にした暴力行為が目立っている。現在、ドイツには、スキンヘッドの若者で編成されているグループとネオナチグループの二つの大きな極右団体が存在している。ドイツにおいて有力な外国人嫌悪を訴える政党や極右政党として、二〇〇二年の党員数が六一〇〇人のNPD、ドイツ人民連合（DVU：党員数は一万三〇〇〇人）、REP（党員数九〇〇〇人）などがある。ドイツおいて、極右団体による犯罪が年間一万数千件記録されている。これらの犯罪の二四三一件が外国人に対する差別が原因で起きた犯罪であり、そのうち四六五件が激しい暴力行為であった。また、ユダヤ人に対する差別が原因で起きた犯罪行為も一二二六件報告されている。

3　オーストリアにおける極右政党

一九九九年の議会選挙において、移民排斥を訴えていたシュレイダー党首が率いるFPÖが二六・九一％の票を獲得した。これによって、FPÖは国内第二位の政党となり、二〇〇〇年にÖVPとの連立政権を樹立している。その後、二〇〇二年の選挙において、支持率が約一〇％低下し一六・九％まで下がっているが、その後も連立政権を継続している。

この連立政権によって、オーストリアの移民や難民受け入れに関する政策に大きな影響を及ぼしている。特に、二〇〇三年五月に施行された新しい難民受け入れに関する法律に関し、難民受け入れの基準がより厳格になっている。

このような反移民・難民の意見が国の政策に反映されていると同時に、国内において警察当局による移民や亡命申請者に対する暴行事件が問題になっている。一例をあげると、モーリタニア人の男性、チェイバニ・ワーグ氏が警察と医師に暴行を受け死亡した事件がある。ワーグ氏が勤務していたアフリカ文化センターにおい氏と彼の同僚との間で激しい口論となり、事態が深刻化して警察が介入する結果となった。その際、ワーグ氏は駆けつけた警察官と救急医療師から激しい暴行を受け、それが原因で死亡したのである。証言や近所の人が偶然撮影していた映像によると、警察官六名と医師一名がワーグ氏を囲み集団暴行を加えたのである。その後、ワーグ氏は意識がないまま救急車で病院に運ばれたが、運ばれた病院で死亡している。この事件に関し、ワーグ氏の正確な死因は正式に発表されていない。

また、NGO団体の「アムニシティ・インターナショナル」によると、オーストリアにおいて、警察官による移民や難民申請者に対する暴力行為は数多く存在している。ちなみに、人種差別に関する訴えが年間四〇〇件以上あった。

4　ベルギーにおける極右翼支持の増加

ベルギーでは、英語、フラマン語とドイツ語が公用語となっている。また、国内の地域によって、使用されている言語や文化が異なっている。なかでも、北部のフランドル地域において、強い民族主義を掲げ、移民の本国送還を訴える者が多くなっている。

二〇〇〇年に政府が実施した世論調査によると、二五％のベルギー国民がマイノリティーの存在を不快に感じているという結果がでている。

このように移民排他を訴える人々の支持などの結果、二〇〇三年五月の下院選挙において、フランダル地方で強い支持を集めている極右翼政党フラームス・ブラング（Vlaams Blok（以下ＶＢ））が一一・四％の票を得ている。これによって、ＶＢ党は国内第五位の政党になっている。

また、二〇〇六年一〇月に実施された地方議会選挙においても移民嫌悪を訴えていたＶＢ党の躍進が見られた。例えばＶＢ党はベルギー第二の都市アンベレスにおいて二七％、ゲンクでは一八・三％、ブルージュでも一六・三％の支持率を獲得しているのである。

5　オランダにおける極右翼政

二〇〇二年五月一五日に行われた議会選挙において、極右政党のピン・フォルトゥイン党の躍進が見られた。ピン・フォルトゥインは、選挙運動において、移民受け入れ反対、イスラムの拒絶、犯罪撲滅や官僚政治への反対などを訴え、国民の関心を集めていた。ところが、選挙前に、支持を集めていた党首のピン・フォルトゥイン氏が選挙の数日前に暗殺されたことによって、ＬＰＦへの支持率が低下すると予測された。しかしながら、同情票などが集まった結果、総議席の二六議席を獲得している。これによって、ＬＰＦは、二〇〇二年六月に発足した連立政権に加わっている。だが、ＬＰＦの躍進は長くは続かなかった。二〇〇二年一〇月に連立内閣が解散したことを受けて、ＬＰＦは自然消滅してしまったのである。しかし、政府下院により発行された「二〇〇三年度におけるマイノリティーの社会統合政策に関する報告書」によると、大部分のオランダ国民が、オランダに見られる多文化社会に対し批判的に見ている。また、このように二〇〇四年一一月、イスラム・コミュニティーにおける女性の処遇の改善を訴えていた映画監督のテオ・ファン・ゴッホ氏が、二七歳のモロッコ系オランダ人に暗殺されたのである。この事件がオランダ国民に与えた衝撃は大きく、この事件がきっかけとなり、オランダにおけるマイノリティーに対する嫌悪感情や暴力行為が増長している。特に、イスラム教徒が暗殺の犯人だったことから、ムスリムに対する暴力行為が増加した。ちなみに、この暗殺事件の影響によって、特定されているだけで一〇六件のイスラム教徒に対する暴力事件が発生している。

注

（1）Les immigres en France, Edition 2005, INSEE（2005）.
（2）Julien Damon, Quartiers sensibles et cohésion social, No. 906, La docmentation Française（2004）.
（3）Gestion de la diversité dans l'entreprise, IMS（2005）.
（4）Julien Damon, Quartiers sensibles et cohésion social, No. 906, La docmentation Française（2004）.
（5）J-M. Blier et Solenn de Royer, Discriminations raciales, pour en finir, Editions Jacob-Duvernet（2001）.
（6）Liberation、二〇〇五年一一月一〇日。
（7）Jean Luc Richard, Les immigrés dans la société française, La documentacion Française、九一六号、二〇〇五年九月。
（8）L'Humanité（電子版）www.humanite.fr
（9）Liberation、二〇〇五年一一月一〇日。
（10）反人種主義運動を行う大衆団体。
（11）Liberation, No. 7583、二〇〇五年九月二六日。
（12）Gestion de la diversité dans l'entreprose, IMS（2005）.
（13）Le monde、二〇〇五年七月二六日。
（14）Jean Luc Richard, Les immigrés dans la société française, La documentacion Française、九一六号、二〇〇五年九月。
（15）Le Monde、二〇〇五年六月二一日。
（16）J-M. Blier et Solenn de Royer, Discriminations raciales, pour en finir, Editions Jacob-Duvernet（2001）.
（17）Alternatives Economiques, Hors Série, No. 66（2005）.
（18）Jean Luc Richard, Les immigrés dans la société française, La documentacion Française、九一六号、二〇〇五年九月。

第7章

欧州連合（EU）における移民政策と社会統合

――欧州連合（EU）における移民政策――

欧州連合（EU）における移民対策の主なモデルには、英国やオランダに見られる「多文化主義」とフランスにおける「同化主義」がある。だが、英国における英国生まれの移民による同時爆破テロ、英国育ちの移民による爆破テロ未遂事件およびオランダにおける映画監督暗殺事件などが発生し、「多文化主義」に対して疑問が生じている。また、移民政策が順調に進められていると思えたフランスにおいても二〇〇五年に移民暴動が発生しているのである。

第1節　英国の「多文化主義」

英国では、移民を英国社会へ統合させるためのアプローチとして、英国社会への同化を強制するのではなく、「多文化主義」の普及に重点をおいてきた。英国は、一九六〇年代に移民が欧州圏外から増加し始めたときから「多文化主義」に基づいた政策を導入している。

「多文化主義」とは、移民を英国社会への統合を促す一方、移民の出身国における文化や慣習などを維持することを容認するものである。つまり、移民に対して出身国の伝統的な文化や慣習を放棄させ、英国の社会に適応を強制するのではなく、移民の出身国の伝統的な文化と英国文化との共存を図っているのである。

このように英国において「多文化主義」が選択された大きな理由は、欧州圏外から多くの移民が流入する以前に、すでにイングランド、スコットランド、ウェールズなど国内に、「多文化主義」が確立していたからである。

1 「多文化主義」の問題点

「多文化主義」は、多種民族の文化や習慣をそれぞれの民族が尊重して共存を図るものである。現実社会において、「多文化主義」は、英国社会で異文化コミュニティーの地盤を固めさせたが、英国社会への統合という目的から逸脱させているとの批判がある。

英国の移民政策は、移民に対する寛容的な対応と人種差別の抑制に重点を置きながら、一方では、移民の社会統合を積極的に促進してこなかったのである。その結果として、ロンドンにおいて英国で生まれ育った移民によって、爆弾テロ事件が引き起こされたのである。

英国のテロ事件以前の「多文化主義」に基づいた移民政策は、個人やコミュニティーのアイデンティティーの維持を強調していたが、移民に対して英国市民としての共通の価値観やアイデンティティーを植えつけられなかったのである。また、各民族が独自の出身国のコミュニティーを形成し、移民の出身国と同じような生活様式を維持することを認めてきた。そのため、その違いや、他の民族への差別が発端となって問題が生じることが多かった。さらに、こうした問題が、大きなコミュニティー間の対立・衝突にまで発展しているのである。

確かに英国では、ロンドンでテロ事件が発生する以前にも英国の「多文化主義」に反発して、移民がたびたび暴動を引き起こしている。代表的な暴動事件が二〇〇一年七月に、英国北部のブラッドフォードでパキスタン系移民が起こした暴動事件である。

この暴動事件は、失業および貧困問題を抱えたパキスタン系移民と白人との間に発生したエスニック間の対立であった。事件当時著者の弟は、ブラッドフォード大学のビジネススクールに留学していたが、直接この白人とパキスタン系移民の間の生々しい対立を目撃している。白人とパキスタン系住民との対立は、日常茶飯事のことであった。

私の弟はパキスタン系移民が多く居住している住宅地のアパートに住んでいたが、毎朝、コーランが流れ、パキスタン系移民が熱心に祈りを捧げる様子を見ていたという。

私の弟は暴動前日、偶然乗り合わせたパキスタン系のタクシー運転手から暴動が起きることを予告され、事前に避難して難を逃れたのである。実は暴動前日、私の弟は、パキスタン系の運転するタクシーに乗り合せ、英国における日本人を含めた白人以外の外国人に対する差別に関して愚痴をこぼしたのである。その運転手は、私の弟の愚痴を無言で真剣に聞いていて、信号で車を止めたとき、思いがけないことを口に出したのである。つまり〝我々は明日行動（暴動）を起こす。だから君は明日、家から一歩も出るなよ〟と、忠告してくれたのである。明らかにその運転手は暴動を起こしたメンバーの一員であったわけである。私の弟は直ぐにアパートに戻って身の回りのものを整理し、翌朝、前の晩に予約していた大型タクシーでブラッドフォードを脱出し、ロンドンに向かったのである。暴動が発生した当日の朝、事前に暴動の動きを察知していた大勢の警察官が警戒態勢をとっているのを目撃した。ロンドンに無事避難し、ホテルでテレビをつけると、なんと、ブラッドフォードの町が炎上している映像が流れていたというのである。

2　社会統合の促進

英国政府は一〇年前に、移民政策において「多文化主義」を維持する一方、移民の社会統合の促進と移民や移民コミュニティーに英国人の価値観や英国市民としての行動を徐々に浸透させることを発表した。

英国政府は、ロンドンで発生した爆弾テロ事件を受け、人種差別を受けている者や不利な立場にある人々の生活の改善や移民の社会統合を促進している。ちなみに、英国では、国籍法の改正や移民に対する英語修得の義務化などが促進された。

現在、移民が国籍を取得する場合、十分な英語能力、英国の文化、慣習、歴史に関する知識が求められるのである。その際、各項目に関する試験もしくは母国語である英語や英国国民としてふさわしい知識を習得するためのコースの受講が義務付けられている。

また、新たな国籍取得者に対して英国国籍の授与式が執り行われるが、その授与式において、国籍取得希望者は、女王への忠誠を誓約し、英国における権利と自由を尊重することを誓うのである。

このように英国では、イスラム・コミュニティーとの友好関係を築くため、イスラム・コミュニティーと積極的に意見交換をするなどの努力がなされている。

さらに、英国政府は、イスラム導師などすべての外国人の宗教家に対し、英国での宗教活動を行う条件として、基本英語の習得を義務付けている。

3 人種差別問題

前章において、主に、フランスとスペインにおける人種差別問題について取り上げた。英国においても人種差別は顕著であり、そのことは移民の社会統合の大きな障害となっている。また、人種差別を解消することは、移民の社会統合を促進させるだけではなく、若いイスラム教徒がイスラム系過激派組織へ入会することを抑止することに結びつくのである。

9・11テロ事件後、英国においてもイスラム教徒が非難されることが多くなっている。英国におけるイスラム教徒の人権擁護団体が実施したアンケート調査結果によると、一九九九年に回答したムスリムの三五％が差別を受けていると回答しているが、近年では、八〇％以上にまで上昇している。

英国では、二〇〇五年七月に発生したロンドンでの爆破テロ以降、イスラム教徒などのマイノリティーを狙った暴力行為や人種差別行為が激増している。

これらの暴力行為は言動による暴力行為や軽い暴力事件であったが、モスクなどの建物も被害を受けている。また、イスラム教徒一人が英国人の若者によってロンドン以外の場所で殺害されている。

英国におけるイスラム教徒の失業率は、同国の全国平均五％の約三倍の一五％に達しており、英国内で高賃金の職を見つけることは非常に困難になっている。そのため、彼らの大半は、ホテルやレストランなど比較的低賃金のサービス業に従事することを余儀なくされている。

ところで英国には、宗教別による教育統計は存在せず、種族をベースにした教育レベルに関する統計がある。これによると、イスラム教徒が大半を占めるパキスタン系やバングラディシュ系の小・中学校の生徒の教育水準は、英国の全国平均よりも低いのである。

4　人種差別対策とその問題点

英国は、人種差別対策として多くの制度を設けており、一九九九年にはマイノリティーの教育補助金制度を設立している。この制度によって、年間約三億ドルがムスリムなどのマイノリティーへの教育支援やマイノリティーの英語力向上の目的のために投じられている。また、貧困居住区の住民で、能力のあるマイノリティーの若者が大学教育を受けられるプログラムも設置されている。さらに、二〇〇五年三月、ブレア政権は、高い失業率を記録しているマイノリティーの失業対策として、起業活動や職業上優れた才能を持った人たちの支援のための施設の設置を発表している。

そのほか、英国の人種関連法において、人種や出身国による人種差別が禁止されていたが、宗教に対する人種差別は対象外であった。だが、二〇〇三年一二月、新たな法令が施行されたことによって、採用する場合、宗教による人種差別を行うことを禁止している。この法律は、教育や住宅および職業訓練など人種関連法が対象となっており、採用以外の差別禁止領域における差別は対象外となっている。そのため、英国内部やムスリムの指導者から、信仰による差別禁止領域の拡大を求められている。

第2節　フランスの「同化主義」

フランスの「同化主義」によって外国人は、受け入れ国の言語や法律だけではなく、その国の言語、慣習や文化に同化しなければならない。

フランスにおいては、一九〇五年の政教分離で、国家においてすべての者は平等であるという立場を強調している。そのため、こうした考え方が強く移民政策に反映されているのである。

フランス政府は、一九九一年、移民政策の基本方針を打ち出している。その中で、フランスは一つの国家であるという立場から、英国とは異なり、他人種もしくは民族コミュニティーを認知せず、フランス社会へ積極的な適応を促している。また、フランスは非教権共和主義であることが強調され、信仰の自由や多くの宗教の信仰を容認している一方、すべての宗教は、国家に対し中立であり、国の政治に干渉することは許されていないのである。

1　フランスの「同化主義」とアイデンティティー

フランスの「同化主義」の特徴の一つに、アイデンティティーの共有がある。一九五一年法に基づき、外国人のフランス国籍取得が容易になった。この法律に基づいて、主にフランス植民地の出身者は、①フランス領土における出生、②フランス人の両親を持つ、③法律によってある一定の条件を満たしている者（例：アルジェリア人に国籍取得の優先権が与えられていた）は、より簡単に国籍が取得できたのである。

外国人移民がフランス国籍を持つことによって、フランス国民という共通のアイデンティティーと権利を持つことができる。政府は、これによって、移民のフランス社会への同化が促進すると考えた。また、この政策はフランスが植民地における影響力を維持するためのものでもあった。

さらに、フランス政府は、同化政策の下で、移民のフランス社会への統合や生活改善を図るため、積極的に、雇用、住宅、教育や非宗教政策を推進した。ところが、国内でイスラム教徒の女性のベールおよびイスラム特有の衣装の着用禁止の法律制定など、国内の移民政策が厳格化するようになった。そして、一九九三年にパスクア法が施行され、国籍に関する政策が見直されている。

このような移民対策の厳格化や移民嫌悪の増長の風潮は、一九九四年の地方選挙におけるルピン党首が率いる極右政党の躍進に繋がった。また、一九九五年七月、パリの地下鉄において、アルジェリア系テロ組織による爆弾テロが発生したことから、イスラム教徒に対する嫌悪感が増大した。

2　同化政策の問題点

外国人移民に対し簡単に国籍を与えていることから、フランスは非常に寛大な国であるという印象を与えている。ところが、仮に国籍を取得しても、統計上では移民として扱われ、国籍取得者が上昇しても、移民が上昇したとして真のフランス人として扱われないのである。つまり、フランスで生まれた二世や三世であっても、パリ郊外の劣悪な環境で生活している黒人、アラブ人、アジア人などのような、純粋な白人フランス人とかけ離れた者（d'apparence non française）は、フランス人として扱われないのである。そのため、大半のフランス国民は、白人以外のフランス人が増加した場合、移民が増加したと受け止めるのである[1]。

したがって、仮にフランス国籍を取得しても、肌の色の違いから、純粋なフランス人と同等の権利を得ることは一生涯できないのである。また、このような状況を反映しているのが、パリ郊外問題やマイノリティーに対する人種差別である。

フランスの同化政策の問題点を浮き彫りにしたのが、二〇〇五年秋にパリ郊外で発生した暴動事件である。この暴動によって、国内外からフランスの同化政策に対する批判が集中した。しかしながら、暴動後、シラク大統領は、フランスの移民政策方針を大幅に変化させることを否定し、貧困問題を抱える家庭の子供たちへの奨学金の増額、差別解消に当たる政府の専門機関の設立、貧困者に対する雇用創出、同化政策を促進する民間団体を対象とした一億ユーロの援助などを公約した。だが、暴動後も、パリ郊外に居住する移民の生活環境はまったく変わっていないのである。

第3節　移民受け入れ国の社会コスト
――フランスの事例から――

移民の流入の増加にともない、受け入れ国の社会コストが上昇している。アフリカやトルコなど欧州圏外からの移民は、欧州圏内からの移民に比べて多くの問題を引き起こしている。つまり、犯罪の増加、失業問題や移民の子弟の学業問題などが、受け入れ国において余分な社会コストを生じさせているのである。

ここでは、フランスの事例を通して移民受け入れ国における社会コストの問題について概観してみる。

リオン第三大学が実施した調査によると、フランスの、司法、警察、教育制度、高等教育、社会福祉、公共交通機関及びマフィア問題の七つの分野における移民の関連費用は年間約二五〇―三〇〇億ユーロという。

〝フランスにおける移民受け入れによる社会コストの問題〟の詳細は以下の通りである。

1　司法と社会秩序の維持

現在のフランスにおける司法および社会秩序に関する公共財政予算のうち、国家警察、司法、憲兵関連が合計約一七〇―二〇〇億ユーロが割り当てられた。このうち、約二五―三〇億ユーロは移民に関するコストであり、移民の二世を含めると約三〇億ユーロとなる。

9・11事件後のテロの脅威や二〇〇五年の暴動などを受け、警察官の数を増大するなど、多額の費用がかかっている。また、外国人犯罪者の増加によって、拘禁されている移民容疑者の数の増加などから多くの支出が計上されており、これらを合計すると三六億一〇〇〇万ユーロに達する。つまり、二〇〇五年度の司法および社会秩序に関する公共財政予算の二一％が移民に当てられているのである。

2　教育制度

二〇〇五年度のフランスにおける教育に関する公共財政予算（高等教育を除く）五六六億ユーロのうち、外国人移民への割り当ては、九四億ユーロに達している。

フランスでは、一般経費を国家が負担するため、多くの移民の子弟が学校に通うことによって、多くのコストが生じる。移民に対する教育費用が多くかかるのは、不法在留者の子弟でも教育を受けることできるためである。

ところで、移民が多く居住している郊外は、麻薬取引、略奪、窃盗、殺人事件などが発生していることから他の地区にくらべて治安が悪いことが多い。そのため、郊外での教育は、単に教育補助金による支出が増加するだけではなく、教育する側に、恐怖心を与えるなど精神的なダメージや暴力行為に遭うリスクが生じるなど、金銭面以外のコストも生じている。

3　社会保障

前章で述べたように、フランスにおける欧州圏外出身の外国人移民の失業率はかなり高くなっている。現在、フランスには、補助を受けることができる外国出身の非就業者や失業者が約一〇〇万人もいる。通常、フランスでは、不法外国人労働者は、社会保障の対象にならない。だが、一部の雇用主は不法就労者であっても社会保障費を負担しており、その場合は、不法就労者であっても社会保障の恩恵を受けることができる。その他、不法移民への医療扶助などを含めると、この分野における費用は、八五億ユーロに達する。

また、移民が病院内の秩序を乱し、病院の医師や看護師に対する脅迫、暴言、暴行などの問題を引き起こすことが多いと報告されている。

4　住宅補助

二〇〇一年現在で、多くの移民が居住している公営適正家賃住宅（ＨＬＭ）が三七一万軒ある。ＩＮＳＥＥによると、一九九九年度において、イル・ド・フランスに居住している全移民世帯の三〇％がＨＬＭの集合住宅を利用している。また、外国人移民労働者のための寮など国の補助金を受けている所もある。これらの移民のための住宅費用は、合計で九億ユーロに達している。

5　公共の交通サービス

二〇〇五年にパリ郊外で発生した移民暴動により、郊外への公共交通機関が一部キャンセルされるなど支障をきたした。また、移民によるバスの放火などによる車両の破損、暴力行為による人的被害、窃盗など、移民による犯罪が目立っている郊外でのコストが上昇している。

公共交通機関での犯罪遭遇のリスクを避けるため、自家用車を使用する人が多くなっている。そのため、郊外との連絡線の利用者が少なくなるなどの問題がある一方、都心へ行くために欠かせないという利用者もいることから、都心と郊外を繋ぐ公共交通機関の運行を止めることもできない。また、移民による放火や暴力事件などによって消防車や救急車の出動回数が急増し、公共サービスのコストも上昇している。

ちなみに、二〇〇五年度にこの分野で使用された予算額は五億ユーロに達している。

第4節　不法移民と感染症問題

エイズや結核などの感染症が蔓延しているアフリカからの不法移民が、欧州圏内に流入している。特に、アフリカからの不法移民が急増しているスペインにおいて、感染症拡大の危険性が指摘されている。

スペインのマドリードで、二〇〇一年以降、エイズ感染の診断を実施している。それによると、二〇〇一年における外国人のエイズ感染者の割合は、一二・八％だったが、二〇〇五年には一八・五％まで上昇している。二〇〇五年のスペインにおける外国人移民の総人口に占める割合が一〇％以下であることから、外国人の感染率がいかに高いかが分かる。このように外国人移民にエイズ感染者が多い原因として、スペインよりもエイズ感染率が、五〇倍も高いサハラ以南のアフリカ諸国から、多くのエイズ患者が不法移民としてスペインに入国している。

「国連合同エイズ計画（ＵＮＡＩＤＳ）」が発表した「世界のエイズ報告」によると、二〇〇五年のサハラ以南のアフリカ諸国におけるエイズ感染者数は、推計で二四五〇万人に上っている。これは、全世界のエイズ感染者の六四％に相当するのである（アフリカの人口は世界の約一〇％）。

また、スペインへ不法入国しているのはエイズ感染者だけでなく、結核感染者も多く入国している。二〇〇五年一〇月にマドリード市が発表した感染症に関する報告書によると、マドリードにおいて、スペイン国外で出生した者の結核感染者数は、全体の三六・五％に達している。なお、二〇〇三年における、外国人の結核感染率は、一〇万人に対し七〇・九件にまで上昇している。

このように、外国人移民は、スペインにおいて感染症拡大の大きなリスク要因となっていることがわかる。ちなみに、外国人移民の中には、肝炎、梅毒、風疹、水疸、麻疹や疥癬などの感染症に感染している者も多いのである。

ところで、欧州では、黒人男性は、踊りが上手で筋肉質の体格であることから、若い白人女性の憧れの的になっている。そのため、パブやディスコなどで黒人男性の肉体を求めて多くの白人女性が群がっているのである。白人女性は、黒人男性が何処で何をしているとか、どこの国の出身者かなどはまったく関係なく、彼らと口づけや性行為をしているのである。

このようにエイズや結核などの感染症に罹った外国人移民の流入は、大きなリスク要因になるだけではなく、社会コストを増大させることにもなる。ちなみに、エイズの治療には、年間約九〇〇〇ユーロが必要であり、介護などを合わせるとその費用は年間三万ユーロに達するといわれている。病院側では人道的な立場から、エイズ患者の治療を施しているが、今後、感染症に罹った移民を受け入れた病院にとって大きな経済的な負担になることは避けられないのである。

第5節　異文化コミュニティーの形成と社会統合への抵抗
——欧州の中のイスラム——

一般的に移民は移住する時に、移住する国の言語や文化、そしてその国の価値観を理解し適応することが求められる。だが、欧州におけるムスリム移民は、欧州国内において独自の移民コミュニティーを形成し、移住する国の社会の価値観や文化に適応しようとする努力を怠っている。このことは、①ドイツやオーストリアにおいて、欧州圏外からの移民をいずれ出身国に帰国するゲストワーカーとして捉えていたため、社会統合に力を入れなかった。②英国やオランダなどでは、多文化の存在を黙認し移民の生活にあまり干渉しなかった、など受け入れ国側が移民に対して社会統合を促すための努力を怠ってきたことが主な原因となっている。

一方、イスラム教徒側も積極的にイスラム教以外の社会に適応しようとする努力を怠ったのである。

1　イスラム教国におけるキリスト教

日本においては、ユダヤ教徒やキリスト教徒たちがイスラムの主権を認めてムスリムの保護民になることで満足すれば、信仰と一定の自治を認められ、改宗を強制されたり生命を脅かされたりすることはないイスラム教は、他の宗教に対して極めて寛大な宗教であると認識されているようであるが、世界中のイスラム教国においては、多くのキリスト教徒が差別や迫害を受けていることも忘れてはならない。

イスラム教国のうちサウジアラビアでは、イスラム教徒以外の宗教の教えの布教や教会の建設を禁じており、イスラムの解釈に関しても、正式に認知されたもの以外、勝手に解釈することを禁止している。また、法律面でも、イスラム教徒以外の異教徒に対して差別が行われている。裁判での賠償金は、裁判に勝訴した場合イスラム教徒は、損害賠償金を一〇〇％受け取れるのに対し、キリスト教徒はその半分の五〇％しか受け取れないのである。

また、モロッコにおいても、キリスト教徒に対する差別が顕著である。同国では憲法によってカトリックとプロテスタントの信仰の自由を認めていることから、カサブランカとラバットに約二万五〇〇〇人の信者がいる。ところが、刑法二二〇条で、イスラム教の信仰を拒否しようとする者は、懲役六カ月から三年の刑に処せられるのである。また、モロッコ政府は、キリスト教に関連した刊行物などの配布やキリスト教徒の集会や宗教に関する説教を行うことも禁止している。

現在、ほとんどのイスラム教国において、イスラム教からキリスト教への改宗者は、罰せられ、最悪の場合は死刑に処せられるのである。その他、多くのイスラム教国において、キリスト教徒への暴力行為が目立っている。最近、イランにおいてカトリックに改宗した男性が、改宗を理由に棍棒で殴り殺されたり、カトリック信者一〇人が不当に逮捕されたりしている。

また、エジプトでも複数のキリスト教徒が教会の入り口でイスラム教徒に襲撃されている。

このように、イスラム教国においては、イスラム教以外の信者が差別や虐待されているのは日常茶飯事である。スペインのジャーナリスト・アントニオ・ソック氏の著書「新たな迫害者たち（Los nuevos perseguidos）」によると、現在、イスラム教国二六カ国において七八〇〇万人のカトリック信者が迫害を受けているという。

2　イスラムの教えと他宗教

多くのイスラム教国において、他の宗教の信仰は認められているが様々な制限がある。イスラム教徒がほかの宗教に対して、寛大になれない大きな原因は、イスラムの教えにあるといえる。イスラム教徒にとって〝コーラン〟は唯一絶対の神であるアラーの助言であり、最も尊重されている書物である。通常、イスラム教徒の生活は、コーランによって定められており、イスラムを理解するためにはコーランが読めなければ理解はできない。逆に考えれば、コーランを読めばイスラム教徒の心理状態がよく理解できることになる。そのコーランの中に、イスラム教徒が欧州社会において、欧州社会への適応や共存を拒む理由が示されている。

〝コーラン〟では、イスラム教徒がイスラム教徒以外の信者と友好関係を保ち、イスラム教徒以外の者を助けることを禁じ、仮にそのような行為をした者はアラーの加護を失う、と説いているのである（Coran 3 : 28）。また、イスラム以外の者はイスラムの戒律に従うべきであるとも説いている。つまり、このような教えから、イスラム教徒以外の者がイスラムに屈することがあっても、イスラム教徒がイスラム以外の者に従うことはあり得ないのである。そのため、ムスリム移民が欧州において、欧州の文化や慣習に適応する（服従する）ことは考え難いのである。さらに、イスラム教徒が他の宗教を信仰する者と共存を図る期待は望めそうもないのである。

第６節　深刻化する欧州連合（ＥＵ）における移民問題とその対策

１　移民受け入れ国におけるマイノリティー移民

欧州諸国において、イスラム教徒によるテロ事件が発生するなど、イスラム教徒に対する不信感や人種差別が増長している。そのため、国によっては、潜在的脅威を少なくするためモスクの建設に否定的になり、イスラム教徒に対する監視も強化されている。また、移民の増加にともなって外国人犯罪が増加し、欧州社会において移民は大きな社会問題として考えられるようになっている。

最近スペインの「エル・パイス」紙が実施したアンケート調査によると、アフリカからの大量の不法移民の流入や国内における外国人犯罪の増加などを受け、移民問題がスペイン国民にとって最も懸念される問題になっている。ちなみに、スペイン人が懸念する四つの大きな問題は、移民、失業、住宅、テロリズムである。さらに、移民受け入れによって社会コストが増加することから、多くの欧州諸国は、マイノリティー移民の受け入れを拒絶する傾向が強くなっている。そして、このような国民感情が、欧州諸国で勢力を伸ばしている極右政党への支持につながっているのである。一方、多くの問題を抱えているムスリム移民は、自らの考えを誇示して欧州社会への適応を拒んでいるのである。さらに、少数派とはいえ、イスラム過激派グループによる、欧州社会の征服計画が着々と進められているのである。

２　厳格な移民対策

ロンドンでの同時爆破テロやパリ郊外での暴動後、英国やフランスは各国が促進してきた移民政策の方針を変換させるのではなく、従来の方針を維持しつつ、人種差別対策の強化や移民の社会への統合を促進している。一方、イスラム教徒によるテロの脅威や移民を利用したマフィア組織による犯罪の増加などから、欧州各国において、移民に対して厳格な対応が迫られている。

「ACNUR」の本部があるスイスにおいて、二〇〇六年九月に実施された「移民と難民に関する新法律の制定」に関する国民投票によって、約七〇％の支持が集まり、難民と移民に関する法律が強化させることになった。ちなみに、現在のスイスにおける、移民人口は総人口七五〇万人の二〇・四％にまで上昇している。

国民投票の結果、導入されることが決定した難民と移民法の主な内容は、①亡命申請者は申請後四八時間以内に旅券（パスポート）などの有効なIDカードの提出を義務付けられる。②亡命の申請を拒否された外国人は、社会補助を受けられなくなる、③国外退去を命じられた外国人を匿った者は、罰金三〇万ユーロおよび禁固刑五年の刑に処される、④移民の受け入れにおいて、欧州連合（EU）圏内出身の移民を優遇し、圏外からの移民は、高度な技術や知識を持った有能な者以外は原則として受け入れない、⑤移民の家族呼び寄せは、社会統合促進や言語習得の理由から一二歳以下の子供以外は受け入れない。だが、欧州連合（EU）諸国出身者は、成人も認められている。このように、移民に対して、厳格な政策を打ち出しているのはスイスだけでなく、他の欧州諸国においても同様である。

3　欧州連合（EU）諸国における不法移民対策

現在、欧州連合（EU）における移民の受け入れ、移民に対する規制や不法移民対策は、それぞれの国が独自の政策に基づいて対応しており、欧州連合（EU）共通の移民や難民受け入れ制度は確立されていない。しかしながら、一九九九年以降、欧州における不法移民問題が話題の中心になり、「アムステルダム条約」の条項において、国境の管理やビザに関する法的規制（六二条）、不法入国や不法在留への国外追放も含めた対処法（六三条）が含まれるようになっている。

また、二〇〇四年にオランダのハーグで開催された欧州理事会において、ＥＵが取り組む不法移民対策として、①国境警備の強化、②不法外国人労働者の取り締まりの強化、③第三国との協力が優先項目となっている。さらに、二〇〇五年一二月の欧州理事会において、地中海地域における不法入国者の増加を受け、この問題をＥＵにおいて解決すべき最優先事項として取り扱うことを決定し、これに対する短・中期における対応策を打ち出している。

（１）不法移民対策

欧州連合（ＥＵ）における不法移民対策は、欧州連合（ＥＵ）圏内の安全と個人の人権のバランスを取った総括的な方法を用いている。現在、欧州連合（ＥＵ）が不法移民対策として重点を置いている対策は、以下の通りである。

①第三国との協力

不法移民対策の一つとして、不法移民の出身国と経由国との協力関係を築くことが重要となる。短・中期政策として、加盟国のみならず、第三国とも共同パトロールを実施し、第三国から欧州連合（ＥＵ）へ不法入国する者の監視を強化する、などがある。また、長期的な解決策として、不法移民の出身国へ、ＯＤＡなどを通した開発援助を行っている。

②国境警備の強化策

国境管理の強化策として、高度な情報技術の導入を図り、効率的な国境管理を行っている。自動出入国管理システムを設置し、第三国から欧州連合（ＥＵ）に出入国する者の記録をとることになっている。これによって、オーバーステーをしている者の管理の簡素化、第三国からの季節労働者の管理などが容易に行うことができる。また、不法移民や国境管理に関する情報は、リスク分析や脅威評価にも役立っている。

③人身売買対策

二〇〇五年一二月一日欧州評議会において、人身売買対策の中期的対策案が採択された。これによって、①犯罪内容や規模のさらなる理解、②人身売買の予防、③国内における需要の減少、④調査や刑事訴追の効率化、⑤被害者の保護や本国送還と帰国後の社会復帰の支援、⑥人身売買に関連した第三国との協力の強化などが進められている。

④不法外国人労働者対策

現在、欧州連合（EU）諸国における建設業、レストランやホテルなどのサービス業、繊維産業など需要のある産業において低賃金で働いている不法移民就労者が多く存在している。そのため、欧州連合（EU）諸国が一体となって、不法外国人就労者に対する刑罰などの実施を促している。

⑤不法移民に対する規制

近年、欧州連合（EU）諸国において、不法移民を大量に合法化する国が存在し、その他の加盟国から欧州連合（EU）圏内がボーダーレスであることから生じる問題に関する非難がでている。このようなことから、欧州連合（EU）は、不法移民は、不法であることから社会統合の対象ではないという姿勢を明確にし、不法移民を放置する傾向にある欧州連合（EU）諸国に対し、どのような理由があっても国内に居住している不法移民を出身国へ送還するよう働きかけている。

⑥不法移民の本国送還

不法移民の本国送還は、欧州連合（EU）における移民政策の土台となっている。不法移民の本国送還は、受け入れ国の国民に正規移民の社会統合を支持させるための重要な要素である。また、現在、不法移民送還のため、欧州連合（EU）諸国間で共同運航便の使用やパスポートなどの書類を持っていない第三国出身の不法移民を本国に送還させるための書類などの手続きの改善などを進めている。

⑦ **情報交換の改善**

欧州連合（ＥＵ）加盟国間の協力や情報交換は、不法移民対策において欠かせないものである。欧州連合（ＥＵ）では、不法移民に関する情報を、インターネットネットワークをベースとして情報交換を行うイコネットシステムを活用し、欧州連合（ＥＵ）加盟国間での情報交換や情報の共有を促進している。また、欧州警察の協力や欧州連合（ＥＵ）諸国における移民の出身国に関する情報調査官間におけるネットワークの活用が進んでいる。

⑧ **制度の評価**

欧州連合（ＥＵ）加盟国は、運送業者に不法入国者の運送の防止や加盟国間における法制の違いを利用した不法入国や密航を防止するための対策を、加盟国共通の問題として、法制の見直しを検討している。また、加盟国間のみならず、この問題と密接な関係のある航空会社などの運送業者との協力も必要となる。

(2) フランスにおける不法移民対策

二〇〇三年一一月に、フランスにおいて移民に関する新法律が施行された。その結果、不法入国や不法残留者に対する対策が強化されている。この法律により、①不法入国・不法在留に加担した者に対する懲罰が強化され、罪を犯した者に対し、禁固刑五年、自動車運転の五年間の禁止が適用される、②不法移民を雇用した際、禁固刑五年と一万五〇〇〇ユーロの罰金が課せられる、③許可なく就労していた外国人は、短期滞在ビザが剝奪される、④企業が不法移民を雇っていないかなど、不法移民に関する企業の調査の強化、⑤住民登録や偽装結婚などの不正行為対策の強化がなされている。例えば、偽装結婚を行った者に対し、禁固刑五年、罰金一万五〇〇〇ユーロが課せられ、犯罪組織が関与していた際、禁固刑一〇年、罰金七五万ユーロにまで高くなる、⑥国籍取得に関する法的強化がなされている。なお、外国人がフランス人と結婚し、国籍を取得する場合、十分なフランス語とフランスに関する知識を有することが義務付けられる。また、国籍取得しても、テロ行為を行った者は国籍が剝奪される、⑦拘禁した不法移民の対処の迅速化や留置場の増設されている。また、二〇〇五年のパリ郊外での暴動を受け、国外追放の手続きの迅速化され、国外追放が以前よりも多く施行されるようになっている。

（3）ドイツにおける不法移民対策

ドイツでは、移民法によって、①不法入国者、②滞在期間の過ぎた者、③不正に居住権を獲得した者は本国へ送還される。ドイツは、スペインのように不法移民を大量に合法化することには反対であり、不法移民への対策は厳格になっている。

現在のドイツにおける主な不法移民対策は、①ビザの申請中や入国審査など外国人の入国前に厳重な審査を行う、②他の欧州連合（EU）諸国及びドイツ権力機関間で情報共有と協力関係を築く、③不法移民の国外追放の迅速化を図る、④不法入国者を合法化はしないという原則を維持しつつ、人道的問題、移民の出身国の特定が不可能、出身国による受け入れの拒絶や出身国と不法移民引渡しに関する協定が結ばれていない。そのため、国外追放が不可能な外国人は、仮に、国外退去の施行期限が切れた場合でも施行期限を延期し、国外追放の不可能な外国人に対する法的管理の強化を行う。

また、ドイツでは、マフィア組織による不法移民の入国対策なども強化しており、二〇〇二年に施行された刑法によって、金銭目当てで、不法移民を入国させた者は、懲役五年の刑に処せられ、武器や被害者に人権侵害に当たる行為をした場合、最長で懲役一〇年の刑が科せられる。居住権獲得のために偽造書類を提出した者に対しても、罰金もしくは懲役三年の刑に処せられる。その他、不法移民対策として、不法移民を雇った場合、移民の雇用主もしくは雇用会社が罰せられ、不法外国人労働者は、本国送還になることが多い。

第７節　今後の難民・移民政策の在り方
――欧州連合（ＥＵ）への難民・移民抑制のための基金設立――

前述したように、欧州連合（ＥＵ）圏外からの移民は、受け入れ国において様々な社会問題を引き起こしている。現在、移民受け入れの長い歴史を持つ欧州諸国において、単に労働コストや労働力不足という理由から安易に、価値観や文化の異なる国から非熟練移民労働者を受け入れることに対し反対の気運が高まっている。また、不法移民対策においても、不法入国と不法在留に対する取締まりが強化されるようになっている。今後、多くの欧州諸国において、国内における正規移民の社会統合の促進が図られる一方、欧州連合（ＥＵ）圏外からの移民の受け入れには慎重な対応が迫られることは必至である。

国連難民高等弁務官事務所（ＵＮＨＣＲ）によると、二〇一五年一月―一〇月に地中海を渡ってイタリアに到着した約一四万人の難民の出身地別に分けると、上位三カ国をエリトリア、ナイジェリア、ソマリアといずれもアフリカの国が占めている。この三カ国だけで七万人弱と全体の半分程度に達した。

欧州連合（ＥＵ）と七〇カ国以上のアフリカ諸国は、このように地中海を渡って欧州を目指すアフリカ人の難民・移民の人数を抑制するため緊密に協力する行動計画をまとめた。

行動計画の主な内容（二〇一六年末までに実行する優先事項）は、次の通りである。

（1）移民・難民生む「根本原因」への対応：

……アフリカの雇用創出や歳入拡大につながるプロジェクトの実施

（2）正規移民を巡る協力拡大：

……ＥＵ圏で研究するアフリカ人奨学生を倍増

（3）密航事業者の取締り強化：

……ニジュールで合意捜査チーム立ち上げ。他国展開もにらむ

（4）不法移民の送還強化：

……アフリカ人専門家を欧州へ派遣し、不法移民の出身国特定など支援

欧州連合（ＥＵ）とアフリカ諸国の首脳は、上記のアフリカ諸国が雇用創出や密航業者の取締まり強化に企てる財源を支援するため、一八億ユーロの基金を創設する契約に調印した。欧州連合（ＥＵ）の執行機関である「欧州委員会」は加盟国に対してさらに一八億ユーロを拠出するよう分担を求めており、総額では三六億ユーロまで積み増す計画である。

両者間の共同行動計画によると、短期的な対策として、二〇一六年末までに実行に移す一六項目の優先事項を明示している。欧州連合（ＥＵ）圏で働く研究者、学生ら奨学金の対象者を倍増させることなどを盛り込んでいる。また、密航事業者の取り締まりを強化するため、試験プロジェクトとしてニジュールでＥＵとの合同捜査チームを立ち上げることも盛り込んでいる。

注

（1）Les banlieues des villes française, La documentacion Française（1998）

第8章

欧州連合（EU）移民政策破綻からの教訓

――日本の外国人労働者の受け入れ政策の課題――

以上、欧州連合（EU）における移民の実態および移民の受け入れに伴う様々な社会問題について概観してみた。現在、日本においても外国人登録者数が年々増加しており、二〇一五年における外国人登録者数は、一〇年前の一九九五年に比べて六四万人増の二一二万人に達している。この数は、日本の総人口一億二七〇〇万人の一・五七％に相当する。今後、日本においても移民の増加にともない、欧州と同じように外国人問題は大きな社会問題になることは必至である。

そこで本章では、前述したような欧州における様々な問題点を踏まえ、日本が現在進めている①移民政策モデル、②外国人労働者問題、③移民政策、④不法移民（在留者）対策、⑤治安問題、⑥テロ対策、⑦少子・高齢化対策の問題点について指摘し、今後のわが国のあるべき姿について提言してみる。

第1節　日本の理想的な移民政策モデル

現在、わが国の政府や地方自治体が推進している移民政策は、移民との「共生」という考えが強調されている。しかしながら、日本の社会環境や日本人の国民性の観点から、このような政策は日本には適応しにくいのではなかろうか。

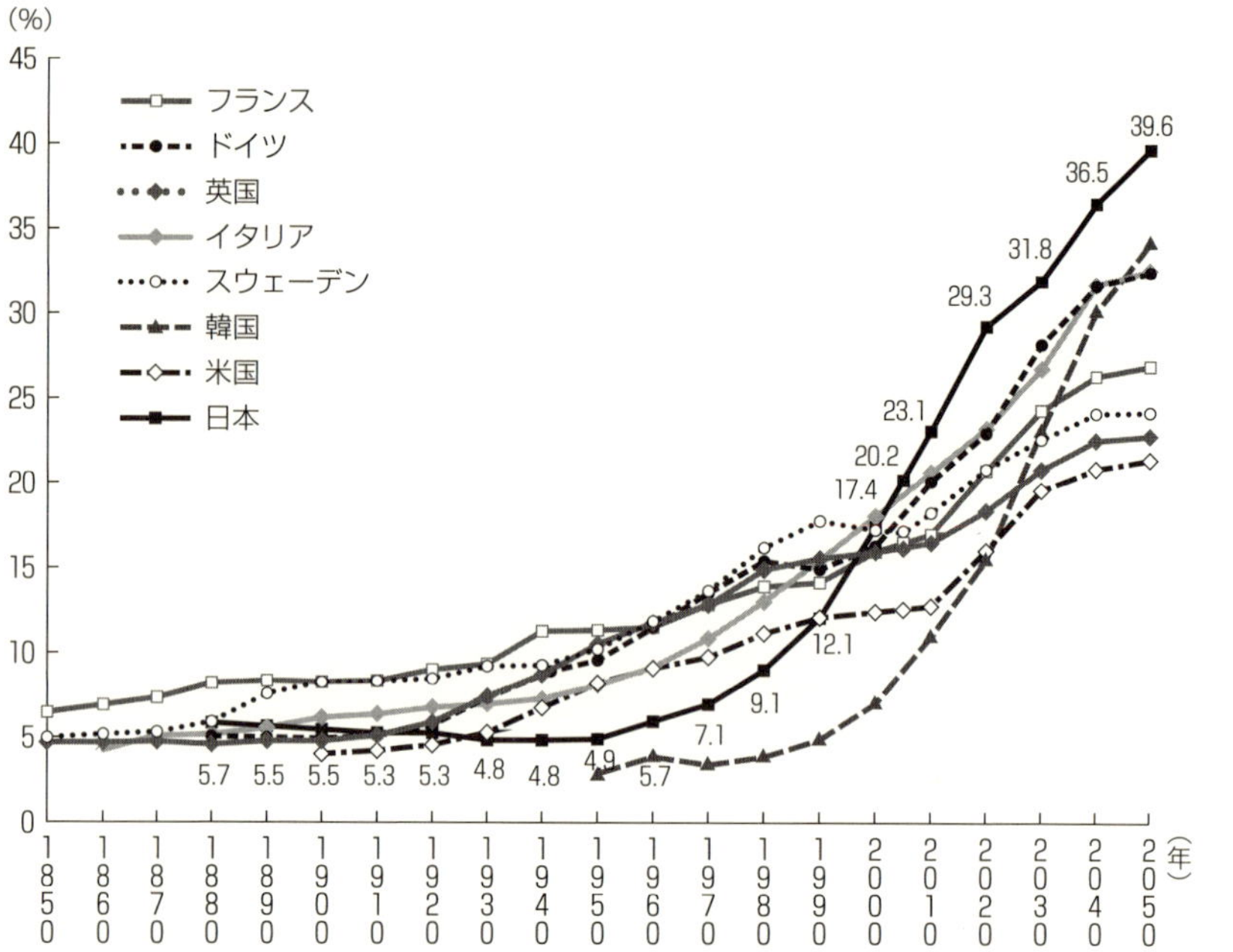

図表8-1　主要国における人口高齢化率の長期推移・将来設計

出所：世界銀行.

移民政策は、受け入れ国の社会や国民性を考慮するのが一般的であり、多文化主義で「個」を重視する個人主義国家である英国社会では、それぞれの文化（個）の存在を認め、お互いに尊重し合って「共生」を図っている。

一方、フランスは、非宗教主義のもとで、すべての者が平等であるという理念に基づき、移民の社会への同化政策を推進している。

フランスにおいて、移民の同化政策がうまく機能していない理由として、理念に基づいて平等が強調されている反面、実施する市民レベルにおいて、平然と人種差別が行われていることがある。一般的に、同化政策を成功させる重要な条件としては、国民に平等主義が浸透しており、国内に人種差別がないことがあげられる一方、同化する側の外国人においても、受け入れ国の言語、文化や慣習を積極的に受け入れることである。つまり、平等主義が国民に根付いており、人種差別がない国においては、同化政策が成功しやすいといえる。

このように、それぞれの社会や国民の特性を考慮した場合、日本の移民政策に適しているモデルとして、同化主義があげられる。日本においては、戦後から今日まで、一貫して平等主義が強調されてきた結果、大半の国民に平等主義が根付いている。

日本の社会は、非宗教色が強く、フランスや欧州に比べて、肌の色や宗教が異なるという理由から差別する人は極端に少ないのである。

日本における平等主義の特徴として、①ムラ社会の中での皆一緒主義という考え方が強いことから、皆と同じことをしていない者に対して拒絶反応を示す傾向が強い。逆に、皆と同じことをしていれば疎外されることは少ない、②日本のような、集団主義的平等主義の社会では、規則が重要視され、集団内の規範は絶対的である、③平等主義においては、差別に対する抵抗が強いなどがある。つまり、日本の集団的平等社会において、差別の対象になるのは、肌の色や宗教というよりはむしろ、真夜中にどんちゃん騒ぎをして迷惑を掛けたり、生ゴミと燃えないゴミを分けないで捨てたり、ムラ社会の規律を守らない者や皆と異なったことをする者である。そのため、移民が片言でも何とか意思疎通を図ることができる日本語を話し、地域社会のルールに従って生活すれば、何ら問題を抱えることはないのである。逆に、移民たちが異質な文化コミュニティーを形成し、地域社会への同化を拒んで、地域の調和を乱す行為をすれば、差別や対立を発生させる要因になりかねないのである。日本において移民の同化を促進させるため、フランスのように、他民族のコミュニティーを認知せず、できるだけ日本社会への統合を促す必要がある。

1　外国人労働者問題

日本の外国人労働者の受け入れの基本方針は、専門的、技術的分野の労働者の受け入れは促進するが、単純労働者は受け入れないというのが原則である。ところが実際には、現在日本に就労している約八〇万人の外国人労働者のうち七〇万人は、単純労働者で占められている。

一九八五年以降、多くの日本企業が、生産拠点を海外へ移転し始めたことにより、一九九〇年代に入り、国内における産業の空洞化や工場労働者の保護の問題が表面化した。だが、生産拠点が海外へ移転したのは、国内において日本人の需要が減少傾向にあるブルーカラーの仕事であり、すべてが海外に移転したわけではなかった。

最近では、製造工程における国際分業が進んでおり、組み立て作業は人件費の安い国で行われることが多くなった。特に、製造業においては、日本では研究開発や付加価値が高い製品の生産に特化して、単純労働が必要なものは中国やベトナムなど労働コストが低い国で生産するようになっている。

しかし、現実には日本国内において日本人労働者の雇用を守るためではなく、不法就労者を含む外国人単純労働者を雇って工場経営を行っているのである。そのうえ、地方によっては、地元産業の空洞化対策として、日本人労働者の雇用維持の名目で、地元企業の海外進出を防ぐための補助金などの優遇措置を講じている。ところが、外国人労働者の需要を創出するため、多くの税金がつぎ込まれる結果になっている。

政府や自治体は、このように企業の海外進出を防ぐために補助金や法人税を低くするなどの優遇策を講じるのではなく、国内における工場の自動化や研究開発の支援を積極的に行い、生産性の向上を図り、国際競争力を保つべきである。その結果、競争力のない中小企業は、倒産というリスクを背負わなければならない場合があるが、それ以上に、欧州のように安易に外国人労働者を受け入れて、莫大な社会コストを生ませないようにすべきである。政府としては、あくまでも〝原則として単純労働者を受け入れない〟を遵守すべきである。

2　移民政策の問題点

日本に居住する多くの外国人移民の子弟の教育が大きな問題となっている。ちなみに、二〇〇四年九月一日現在、わが国には、日本語指導が必要な外国人児童・生徒数が約二万人もいる。また、日本国籍を有しながら日本語教育が必要とされている児童・生徒数が三一三七人存在している。この問題に対して、外国人を多く抱える地方自治体は、積極的に、教育支援を行っている。また、役場などに外国人支援のための相談所やポルトガル語とスペイン語の通訳を採用するなど多くのコストを生じさせている。

このように、日本語でコミュニケーションができない移民に定住の許可を出すなど、政府は移民による社会コストの問題をそれほど重要視していないのである。また、移民の受け入れ態勢が整っていないにもかかわらず、安易に国籍を与え、多くの移民を受け入れているのである。

一九九〇年の入管法の改正にともない、日系一世から三世及びその配偶者に対して、「日本人の配偶者等」、「定住者」との在留資格が認められた結果、南米から日本へ多くの日系移民が入国している。

現在、日本には、ブラジルやペルーなどの南米諸国からの移民が約三〇万人在留している。入管法改正当時、政府は、ドイツにおける過去の悪い前例があるにもかかわらず、日系移民労働者をゲストワーカーと捉え、多くの日系移民を受け入れている。

一般的に、日本人は日系人と聞くと、祖父母や両親が日本人だから日本語を話し、日本の生活慣習などを十分に理解しているだろうと考える。確かに、彼らの中には少数派だがそういう人もいるだろう。しかしながら、大半の日系人は、現地社会で生まれ育ち、現地人と同じ教育を受けていることから、顔立ちが日本人であっても彼らの精神構造（メンタリティー）は現地人とまったく変わらないのである。

島国で生まれ育った日本人は、日本がこうだから外国も同じだろうとか、日本人はこう考えるから外国人も同じように考えるだろう、というようにあらゆることに対して、自分と同じ目線で物事を見たり、考えたりする習性がある。だが、社会環境や学校教育など国によって全く異なることを知るべきである。

ところで、中南米諸国は、国民の半数近くが一日二ドル以下で生活している貧困者で占められ、大半の国民が義務教育さえも受けられないでいる。また、国内における貧富の格差が激しく、多くの移民労働者は、貧困から抜け出すために豊かな国へ移住するのである。

このような、移民の出身国の劣悪な社会情勢が、少なからず日本に在留している日系移民の子弟の教育に大きな影響を与えている。つまり、大半の親の教育水準は低く、学習という習慣はなく、日本語を習得しようという意欲もほとんどないのである。

社会コストの削減や移民の統合を促進するため、入国や残留の条件として日本語の習得を義務付けさせることが不可欠である。現在、日本政府は、新規入国者に対する日本語習得の義務化などを促進している一方、在留している外国人に対する対策がほとんど取られていない。今後、政府は、定住者などの残留期間延長の条件に日本語の習得を義務付け、仮に、要求する日本語能力が身につかない場合延長を拒否するなどの措置を取るべきである。特に、何らかの技能や知識、資格などがなく正規労働者としての契約を結んでいない単純労働者の場合は、日本が掲げる単純労働者は認めないという原則に合致しない。

政府が企業に対し、単純労働を必要とする生産を自動化したり、生産拠点を海外へシフトしたりすることを積極的に奨励した場合、日本国内で外国人単純労働者を確保する必要性がなくなるので、在留期間の延長を拒否すべきである。

一方、上記の条件を満たす移民に対し社会統合のための支援を行い日本社会へ同化させることが望ましい。さらに、日本語ができない日本人をそれ以上増やさないためにも、国籍を与える基準を元に戻すべきであると思われる。

北海道夕張市で表面化したように、現在、多くの地方自治体が財政難に陥っているが、日本社会の少子・高齢化問題がますます深刻化し、社会コストが増大することが必至である。こうした事情から、移民や日本国籍を取得した外国人のために社会コストを増大させるようなことは、今後できるだけ避けるべきである。

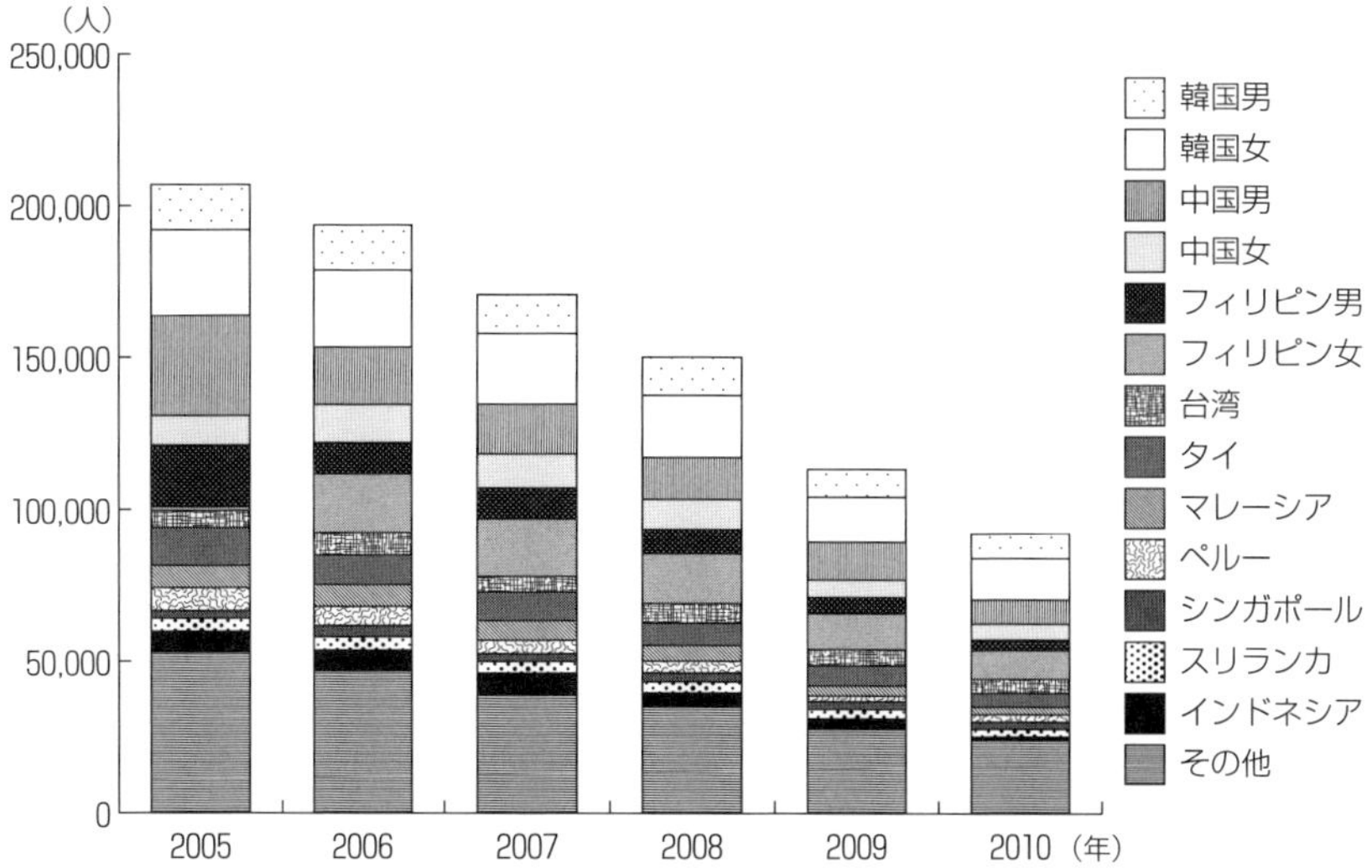

図表8-2　日本の出身地別不法残留者数の推移（毎年１月１日現在）

出所：法務省.

3　日本の不法移民対策の矛盾点

二〇〇六年一月現在、日本には、不法滞在外国人（在留者）が推定で二二万人（うち不法残留者は一九万三〇〇〇人）いた。また、その多くは不法就労者であった。その後年々減少傾向が続き、二〇一六年一月には、五万九〇六一人まで減った。

不法就労する外国人は、工場で就労する者だけではなく、風俗業やＩＴ関連産業などに従事していた。現在、日本政府は、不法就労者対策として、

①就労許可を得ていない外国人を雇用したり、斡旋したりした人等に、三年以下の懲役・三〇〇万円以下の罰金が科せられる。

②営利目的で集団密航者を入国・上陸させたり、上陸後の集団密航者を輸送したり、かくまった人等に対し、一年以上一〇年以下の懲役及び一〇〇〇万円以下の罰金が科せられる。

③入管当局によって連れて行かれることを免れさせる目的で、不法入国者・不法上陸者をかくまった人等に対し、三年以下の懲役・三〇〇万円以下の

罰金が科せられる。

④営利目的で他人の不法入国の援助をするために、偽りその他不正の行為により旅券等の交付を受けた者、又は、同じ目的で偽変造旅券等を所持し、提供し、若しくは収受する者に対し、五年以下の懲役及び五〇〇万円以下の罰金が科せられるなどがある。

現在、日本政府は、このような不法就労者に対し厳格な対応を取っている。また、法務省の入国管理局は、二〇〇五年に不法滞在者など約五万七〇〇〇人に退去強制手続を執っており、このうち約四万六〇〇〇人が不法就労者であった。

このように、日本国内において厳格な不法移民対策が施行されているのである。ところが実際には、不法移民が暗黙に認知されているような風潮がある。

現在、日本に在留する外国人が携帯を義務付けられている外国人登録証明書に、「在留の資格が確認されていない場合には、日本国内でいかなる就労活動に従事することもできず、速やかに入国管理局で法律の規定に基づいた手続を受ける必要がある」という〝在留資格なし〟というステータスが存在している。

地方の町工場の大半の経営者はこのような法的仕組みを十分に把握していないことから、外国人登録書を所持していれば就労出来るものと判断し、安易に彼らを雇用してしまうのである。しかし、前述したように、不法移民を雇って就労させた場合、雇用主は刑罰に処されることになっている。

欧州では、不法移民に対し外国人登録所が発行されることはなく、不法在留が発覚した場合、すぐに収容所に連行されるのである。しかし、日本の場合、不法移民と判明しても、逮捕して処罰することができないのである。何とも不可解なことである。結果的に政府は、不法移民を暗黙の了解で認めていることになる。なぜ、今すぐにでも法律を改正して、不法移民を国外に追放しないのだろうか。ちなみに、不法移民（在留者）を放置している結果、二〇〇五年の一年間だけで、不法滞在者一三九三人が様々な犯罪を引き起こしている。

現在、欧州では、不法移民やテロリストの取締まりが強化されており、街頭や地下鉄の駅などで、疑わしい外国人に問答無用で尋問を行っている。だが日本では、人権保護団体からの反対があるなどの理由から、欧州のような徹底した取締りは行っていないのである。

法務省によると、外国人が日本人と婚姻し、その婚姻証明書があれば、入管法以外の法令に違反していない外国人に在留特別許可が与えられている。つまり、不法移民（在留者）であっても、日本人と結婚すれば、不法在留の罪が許され在留が許可されてしまうのである。

こうした日本の法令は、マフィアによる偽装結婚に悪用される可能性が高いのである。また、政府は、不法移民対策の一環として、「短期滞在」の在留資格で行うことのできる活動を行おうとするものに対し、査証免除措置を実施している。つまり、以前は非合法であったことが合法化されている。確かに、これによって、不法移民の数を減らすことに有効的かもしれない。だが、スペインのように大量の不法移民の正規化を生むような政策は、今後大きな移民問題を発生させる原因になることは必至である。政府は、今後、欧州の事例を教訓として活かし、移民問題にもっと真剣に取り組むべきである。

第2節　治安問題
――激増する外国人による凶悪犯罪――

警察庁によると、二〇一四（平成二六）年における来日外国人に係る刑法犯の検挙率件数は過去最多の、一万五二一五件で、検挙人員は一万六八九九人であった。同年度における刑法犯の国籍・地域別検挙状況をみると、検挙件数では、中国が五五〇九件と最も多く、ベトナムが二四八八件、ブラジルが一万六一九六件と続いている。また、検挙人員では、中国人が三万四三八二人、次いでベトナム人が一五四八人、ブラジルが四八二人となっている。

このように、外国人犯罪が増加する理由として、①国内の刑法が移民の出身国よりも緩い、②発展途上国出身者にとって日本の刑務所生活は、出身国の普通の生活よりも良い、③日本人は平和ボケしているなど、犯罪が容易にできる環境にある、④犯罪が多い国やマフィア組織の活動が活発な国から多くの移民を受け入れている、などがあげられる。

前述したように、南米諸国は、貧富の格差が激しく、貧困者が多く存在し、殺人などの凶悪犯罪が世界で最も多い地域である。

日本はブラジルやペルーなどから三〇万人以上の出稼ぎ労働者を受け入れているが、国連開発計画（UNDOT）によると、そのブラジルには世界最大といわれる貧富の格差が存在する。貧困には二つのレベルがあり、一つは貧困な状態で、人間が最低限の生活に必要とする衣食住の条件を完全に満たすことが出来ない状態である。もう一つはそれ以下の貧窮な状態である。生存に必要な食料さえ購入できず、餓死状態に陥ることを示す。

ブラジルでは、貧困な状態に属する人々が五三〇〇万人おり、うち二三〇〇万人が貧窮な状態にある。つまりブラジルでは、毎月最低賃金（七〇ドル前後）の半分以下の収入で生活している極度の貧困者数は、国民の三二・一％に相当する。

こうした貧富の格差は、ブラジルにおいて様々な社会問題を助長している。必要とされる衣食や教育機会に恵まれない極度の貧困状態にある一五歳以下の子どもたちは二二五〇万人に上るといわれており、ストリートチルドレンの増大や、犯罪被害者の人口比率四四％のリオデジャネイロに代表されるように世界最悪の治安をつくりだす主な要因となっている。

ところで、WHOによると、中南米諸国では、一分に一件の殺人が起こっており、殺人事件の発生率も、一〇万人当たり二七・五件となっている。この数は、世界平均の三倍、欧州連合（EU）に関しては二七倍である。なかでも、ブラジルは　銃器による殺人事件が極端に多いのである。

シドニー大学が実施した銃器使用犯罪統計（GunPolicy.org）によると、二〇一二年、ブラジルでは「銃器による殺害者数」で、人口一〇万人当たり二五・九人（年間四万二〇〇〇件以上の殺人事件が発生しており、この数は、世界の銃器による殺人事件の二〇％に相当する）であった。ちなみに日本では人口一〇万人当たりの銃器殺害数は〇・〇三人（二〇〇七年）であった。

こうしたブラジルにおける殺人事件の被・加害者は、一五歳から二四歳の若者で占められているのが特徴といえる。

ブラジル政府はこのような状況に対応して、二〇〇五年一〇月二三日に、銃器の商品化を禁止する法案に関する国民投票を行った。ところが、政府の期待に反し、結果は、有権者の六四％が反対票に投じたのである。この主な理由として、①警察が当てにならない、②司法が機能していない、③銃器を取り扱う業者の反発が強かったなどがある。そのため、国民は、「自分の身は自分で守る」という意思を表示したのである。

ブラジルでは、警察が犯罪に関与するケースが極めて多く、マフィアと共犯で麻薬の密売や営利誘拐などを行っている。

驚くべきことにブラジルの刑務所は、マフィアによって制御されており、窃盗などで収監された若者が出所した後に、マフィア組織で働き、凶悪事件に手を染めるケースが多いのである。

ブラジルの司法面（裁判）においても九〇％の訴訟が裁判官に委ねられることがないことである。つまり、被告は、一審において、捜査のやり直しを八回要求することができるため、裁判が始まる前に時効もしくは原告が訴訟を取り下げしてしまうケースが多いのである。したがって、日本で凶悪犯罪を起こしてブラジルへ逃亡し、日本の司法当局からの要請によって現地で代理逮捕・起訴されても、必ずしも実刑が科せられるとは限らないのである。何と九五％の被告人がこの権利を行使しているのである。

さらに、ブラジルでは、多くのマフィア組織が存在しており、殺人事件以外にも、麻薬取引、強盗、誘拐、暴行や窃盗など多くの犯罪が発生しているのである。

日本は、このように世界一の犯罪大国から、多くの移民を優遇して受け入れているのである。こうした移民の中には、前にも述べたように、少数派とはいえ実際に犯罪者や犯罪者の予備軍が含まれているのである。

度々マスコミでも報道されたが、ブラジル人が日本で法を犯して帰国した場合、ブラジルと犯人引き渡しに関する条約を締結していないため、日本で容疑者を裁けないのである。ブラジルの法律では、自国民の引渡しを禁じており、容疑者らが日本に戻ってこない限り、日本の警察当局が逮捕することは不可能なのである。

外務省によると二〇〇五年末現在、八六人のブラジル人が日本で犯罪を引き起こし、ブラジルに逃亡している。その場合、ブラジル刑法で、国外で起こした犯罪について国内の司法手続きに沿って処罰することができる。だが、ブラジルの司法制度には、前述したような多くの複雑な問題があるのでなかなか解決しないのである。

ブラジルでは、殺人事件が日常茶飯事に発生している。また、国内には多くのマフィア組織が存在しており、マフィアの支援を受けて日本に入国している者もかなり含まれていると考えられる。

日本政府は、南米のこうした事情を完全に把握せず、ただ単に日系人だというだけで、日本語や日本の慣習を全く理解していなくても受け入れている。今後、日本政府は、ブラジル政府に対して、法律の改正の要求、もしくは同国と犯罪人引渡し条約を早急に締結させるべきである。その際、ブラジルがそのことを拒んだ場合は、ブラジル人の受け入れの禁止や国内に在留するブラジル人の本国送還などの措置を取るなど、日本国民の安全を保障できるようにすべきである。

第3節　「イスラム国（IS）」の標的に対するテロ対策
——包括的な法整備が急務——

多くの日本人は、国際テロ事件は日本では起きないと考えている。しかしながら、現実に、日本はイスラム原理主義過激派組織「イスラム国（IS）」の標的となっており、国内でいつテロが発生してもおかしくない状況にある。日本は、米国の同盟国として9・11事件以降、米国支持を表明し、米国によるアフガニスタン、イラク侵攻を支持し、米艦隊への燃料補給などの支援活動を行い、最近ではシリアの「イスラム国（IS）」に対する空爆を支持している。また、今日、わが国はイラク、シリア内乱による難民救済のために総額二億ドル程度の支援の実施および人道支援の拡充を行ってきている。こうしたことから、「イスラム国（IS）」のテロの標的になるのは当然なことである。

現在、パリ同時多発テロ事件後、欧州以外のシリア空爆を支持した国々においては、厳重なテロ警戒態勢が敷かれている。また、国民も、危機意識を持って当局の警備活動を支援している。さらに、テロを引き起こす潜在的な可能性のあるイスラム教徒やモスクに対し、市民レベルにおいても厳重な監視が行われている。

欧州での一連のテロ事件発生以降、スイス、スペインなどでは、モスク建設に反対する国民が多くなり、建設が容認されることが少なくなっている。一方、わが国では、日本中の至る所にモスクが建設されているので、日本におけるイスラム人口が増加していることは確実である。現在、日本におけるイスラム教徒の正確な数字は把握されていないが、およそ三〇〇〇人強と推定されている。

日本では信仰の自由が認められていることから、イスラム教を信仰すること自体は全く問題ない。しかし問題なのは、現在も多くのテロが計画されるなど、緊迫した状況が続いている欧米諸国と同様に、日本もテロの標的になっていることである。

英国の情報部MI5は、英国国内における大規模のテロ計画の捜査を行っており、これまで多くのテロ組織やネットワークの存在を突き止めている。それらの中には、「イスラム国（IS）」の関係者やパキスタンの「アル・カイダ」の幹部から直接指示を受けていたイスラム教徒が関与していたことなどが明らかにされている。

日本人は、テロが発生するかもしれないという危機意識を全くもっていないのである。国民も政府もまるで、テロの脅威は過ぎた事と考えている。事実、新幹線の中のゴミ箱は、爆弾テロ対策として使用できないようになっていたが、最近ではゴミを捨てることができるようになっている。

ところで、日本人がイスラム過激派組織に対して無防備である理由として、①イスラム教が美化されている、②イスラム過激派組織関連の情報が極めて少ない、③世界情勢を理解しておらず、まるで他人事のように考えている、などがある、

現在、日本に出回っているイスラムに関する出版物や意見は、主観に基づくものが中心で、客観的なデータや事例に基づくものが極めて少ないといえる。特に、イスラム社会における人権侵害問題や女性の虐待に関して、日本ではほとんど伝えられていない。そのため、客観的にイスラムを理解している者が少ないのである。

日本は、欧州に比べて、イスラム教を布教しやすい国であるといわれている。欧州の大部分の市民はキリスト教徒である。したがって、欧州において、イスラム人口が増える要因は、イスラム教国からの移民の増加が主なものであり、キリスト教からイスラム教への改宗者は極めて少ない。そのため、欧州では、白人主導でイスラム教の布教がなされることはほとんどない。

一方、日本においては、無宗教者が多いため、多くの人が容易にイスラム教徒になる可能性がある。事実、日本では、イスラム教に関する活動がインターネットなどを通して積極的に行われている。

このように、日本においてイスラム教の布教が何の障害もなく行われているが、日本人は、イスラム教の中に、

少数だがテロ行為を支援する過激派が存在していることを認識すべきである。

日本人は、歴史上、イスラム教徒との紛争や取引などがほとんど皆無に近かったため、イスラムに関する正確な知識に乏しいといえる。しかし、実際にイスラム過激派が存在しており、日本もテロの標的にされていることから、政府は国民に正確な情報を提供し、危機意識を持たせるようにすべきである。

日本は、過去に多くの若者が宗教カルト集団に入会するなど、潜在的に過激派に加入しそうな若者が多く存在している。また、近年、インターネットの普及から、インターネットを通して「アル・カイダ」や「イスラム国」などのイスラム過激派組織に興味を持つ若者が増えている。

日本では、欧米のように、イスラム系過激派組織に対して、警戒する国民が少なく、警察当局のテロ対策の訓練を見ても、未だに江戸時代の「さすまた」を使った捕り物ごっこのレベルであり、欧米諸国と比べて、かなり劣っているといわざるを得ない。

いずれにせよ、日本は、どんな場所においても、容易にテロを引き起こせる環境にあることを改めて認識すべきである。

パリ同時テロを受け、日本政府はテロ情報の収集・分析や空港での水際対策を拡充するため、二〇一五年一二月、外務省や警察庁などから専門家を集め、関連情報を一元化に集約する『国際テロ情報収集ユニット』を新設した。テロ対策では「情報」がカギを握る。水際でテロにかかわる人物をチェックしようにも、対照するデータがなければ最新のシステムも役に立たない。新設された「国際テロ情報収集ユニット」は省庁を横断して情報を収集・分析する仕組みとして評価できる。ただ、新設された諜報機関をスムーズに機能させるためには、他国に頼らず自ら諜報活動ができ、収集した情報をもとに正しい脅威評価ができる国際テロ分析官の育成が必要である。分析官は現地語に堪能で、現地の特殊事情に精通し、そのうえテロの脅威評価が的確に出来る専門知識を持った人材でなければならない。インターネットを介してテロリストがやりとりする複雑な暗号を解読できる、高度なＩＴ技術の知識も求められる。

■テロ防止のための包括的な法整備が急務

日本国内におけるテロの標的は、国内の米軍施設、原発施設、港湾施設、空港施設、貯水池、変電所（高圧鉄塔を含む）、駐日米国・イスラエル大使館のほか、シリアの空爆に参加している米国の同盟諸国の駐日大使館、鉄道テロ、地下鉄テロ、航空機テロなど多岐にわたっている。こうした標的を狙ったテロに使用されるものは爆薬だけでなく、ＣＢＲＮ（化学、生物、放射性物質、核兵器）も想定し、そうした事態に備え、全国どこでも数時間後に的確に対応できる体制を整えなければならない。

次に、テロリストの手先になり得る国内のイスラム系の不法外国人の摘発である。そのために団体規制、通信の傍受、在留外国人の管理強化、不審者の予防的拘束、情報提供義務などの国際テロ包括法の整備が必要である。

さらに、日本国内において現在実施している具体性に欠けた「気休め的（パフォーマンス的）なテロ対策」の見直しである。例えば空港やＪＲの主要な駅の構内に民間の警備員が配置されている。テロ対策で最も重要なことはテロリストを特定することなので、職務質問強化などの体制整備が不可欠となる。したがって、捜査権を持たずに、爆発物の処理方法なども知らない民間のガードマンがテロリストを特定してテロ行為を未然に防ぐことは不可能であることを認識すべきである。

第４節　少子化対策

日本政府は、少子・高齢化対策として、若い移民の大量流入による人口構造を維持する考えはない意向を示している。しかし、現在の日本の少子化対策は、質より量という考えで、ただ出生率を上げさせようとしている。また、近年、日本同様に少子化問題を抱える欧州で出生率の上昇が見られるフランスやスウェーデンの少子化対策の事例を参考にして対策を講じている。

フランスやスウェーデンでは、女性の社会進出が日本よりもずっと進んでおり、安心して働けるような環境を整えている。ところが、これらの国々では、婚外子出産率が年間出産数の約半数を占めており、ほとんどの女性がシングルマザーとして子どもを育てている。

このような環境においては、家庭内で生活して行くための働き手が母親しかいないため、母親が必然的に外に出て働かざるを得ないのである。当然のことながら、女性が働いている間、子供を預ける育児所が必要となる。日本がフランスやスウェーデンのように、シングルマザーをベースにしたシステムを導入した場合、日本でも婚外子出産が増加する可能性が生じる。

日本の少子化対策は、女性の立場のみが強調されたものになっている。しかし、日本では、出産は女性だけの問題ではなく、男女共通の問題である。日本では、結婚後出産というのがほとんどであるため、フランスやスウェーデンとは異なり、婚外子出産は年間の総出産の約一％にすぎないのである。したがって、女性の立場からのみ出産を考えるのではなく、男性の意見も取り込んだ対策をとるべきである。また、政策立案にあたって、欧米の政策をそのまま真似るだけでなく、もっと日本の社会や文化に適した独自の方法を考えるべきである。

いずれにせよ日本には、欧州各国のように、独自の文化と慣習が存在している。現在、欧州で問題になっているのは、欧州圏外から移住してきた異なった文化圏出身の単純労働者とその家族である。今日、日本は、過去の欧州と同じような状況に立たされている。

何よりも日本が考えなければならないことは、なぜ、多くの欧州諸国が、欧州圏外からの移民の受け入れに慎重になっているかということである。そして、日本は、欧州が犯した過ちを教訓に活かし、日本人の生活に悪影響を及ぼさないように慎重な対応が求められるのである。

あとがき

欧州連合（ＥＵ）には、二〇一五年に地球海やヨーロッパ南東部を渡って欧州連合（ＥＵ）を目指す難民・移民によって引き起こされた社会的・政治的危機および、パリ同時多発テロやブリュッセル同時テロ事件のような自国に長く住む「ホームグロウン・テロリスト」による「ローンウルフ（一匹狼）型」のテロの脅威の二つの問題が欧州統合の柱である「域内移動の自由」を揺さぶっている。つまり、欧州は難民という人道的な問題と、テロという安全保障の問題の二つに同時に立ち向かわねばならないのである。前者の難民・移民危機は、二〇一五年に一〇〇万人を超えたシリア難民を含む欧州での移民の包摂にある。従来、おおむね英国型の多文化主義とフランス型の統合主義の二方法で移民の包摂を図って来た。しかし文化・宗教集団の方法を尊重する英国で、二〇〇五年にロンドンでホームグロウン（自国育ち）のテロが起き、同時にフランスでは国民として同等に扱うとした移民の子弟が社会的排除に堪えかね、パリの郊外で暴動を引き起こした。この暴動を契機に移民の包摂に失敗しているのではないかという深刻な疑問が表面化した。当時のフランスの政権は概して、その包摂理念や方法の点検、改善、刷新に着手しようとせず、疎外された若者集団との対話は後手に回った。その結果がパリとブリュッセルでのテロ事件である。

こうした難民危機への唯一の解決策は庇護申請者を欧州連合（ＥＵ）に配分するようなメカニズムである。だが、欧州連合（ＥＵ）の加盟国間で考え方に大きな差があり、欧州連合（ＥＵ）加盟国に難民を割り当てるという計画は実現に乏しいといえる。

また、地中海を渡って欧州を目指す難民・移民の人数を抑制するため、欧州連合（ＥＵ）とアフリカ諸国は二〇一五年一一月に「緊密に協力する行動計画」をまとめた。欧州連合（ＥＵ）はアフリカ諸国が雇用創出や密航業者の取り締まり強化に充てる財源を支援するために最低でも一八億ユーロ（約二四〇〇億円）の基金設置を決めたほか、二〇一六年末までに欧州連合（EU）によるアフリカ奨学生を倍増させたり、密航業者を取り締まる合同捜査を試行する。一方、アフリカ側は非正規移民の欧州からの送還への拡大を約束した。

なお、二〇一六年末までに実行する「行動計画」の主な内容は、次の通りである。

（1）移民・難民生む「根本原因」への対応……アフリカの雇用創出や歳入拡大につながるプロジェクトの実施。
（2）正規移民を巡る協力拡大……欧州連合（EU）圏で研究するアフリカ人奨学生を倍増
（3）密航事業者の取り締まり強化……ニジュールで合同捜査チームを立ち上げる。
（4）不法移民の送還強化……アフリカ人専門家を欧州へ派遣し、不法移民の出身国特定など支援。

一方、欧州にとっての短期的な課題は、欧州連合（EU）から約五〇〇〇人の若者が「イスラム国（IS）」の戦闘員になるためシリアとイラクに渡航したことである。渡航者の中で最も多いのが約五〇〇人のベルギーである。これらのイスラム過激派組織のホームグロウン（自国育ち）の自爆テロリストが欧州連合（EU）圏内に戻って来てテロを起こす脅威は日を増すごとに拡大している。こうした問題の解決策の一つとして、英国治安当局はイスラム社会、特に若者と過激な聖職者を抱えるモスクに通う人たちの間に支援ネットワークを築いた。彼らから逃亡中のジハード主義者や過激派ネットワークが攻撃に出る前に情報を得るのが狙いである。その結果、英国人は「ローンウルフ（一匹狼）」によるテロ攻撃が次の課題となっている。

本書の執筆にあたり、私がスペイン留学中にご指導をいただいたサンティアゴ・デ・コンポステラ大学大学院長マリアカルメン・ギサン博士およびバリャドリード大学経営学部教授オスカル・ラモス博士に対し、深く感謝の意を表したい。また、本書の執筆のために使用したフランス語による文献調査および資料収集面で協力してくれたロンドン在住の国際経済学者（Ph.D）の実弟 大泉陽一（欧州住友商事）に対し御礼を申し上げたい。時に実弟からは、本書第2章「移民労働者受け入れによる経済効果」では筆者の専門外の分野に関して貴重なアドバイスをくれた。ここに記して深く感謝の意を表したい。

本書は平成二六年度青森文化振興財団の学術出版助成金を授与されて出版の運びとなったものであるが、関係各位に対し、感謝の意を表したい。

二〇一七年一月

著者識す

主要参考文献

- Arístegui, G. (2005): *La Yihad en España*, La Esfera de los Libros, Madrid.
- Aubarell, G. y R. Zapata (2004): *Inmigración y procesos de cambio*, Icaria Editorial, Barcelona.
- Bichot, J. (2006): *Immigration: quels coûts pour les finances publiques?*, programme d'études identités Européennes Série Sociétés, Cultures, No. 6, Institut Thomas More.
- Blier, J-M. et Solenn de Royer (2001), *Discriminations raciales, pour en finir*, Editions Jacob-Duvernet, Paris.
- Boissard, S. (2006): *Besoins de main-d'oeuvre et politique migratoire*, Centre d'analyse stratégique.
- Bolzman, C. (2014): Processus de aisciplinarisation du ytavail Social: Le cas de la Suisse, Dunod.
- Boucher, M. (2015): *Sociologie des turbulences*, Penseh les désordres des inégalités, paris. L'Harmattan, coll, « Recherche et transformation Sociale », p. 390
- Caixa Catalunya (2005): *Demografía y crecimiento del PIB de la Unioón europea y EE. UU.*, Informe sobre la coyuntura Económica Núm 104, Nov.
- Castilho, C. (2003): *Violencia civil, la gran herida social de Brasil*, Economía Exteriorор, Núm. 27.
- Castillón, A. (2006): *Libro negro de las mafias*, Arcopress.
- Castles, S. y M. Miller (2003): *The Age of Migration, International Population Movements in the Modern World*, MacMillan Publisher.
- Chebel, M. ed. (1999): *Les Symboles de I'Islam*, Asouline, Paris.
- Correa, H. S. (2004): *Historia de Galicia*, Nigratrea.
- Damon, J. (2004): *Quartiers sensibles et cohésion social*, Problèmes politiques et sociaux No. 906, La docmentation Française, Paris.
- Draft Enhanced Terrorism Prevention and Investigation Measures Bill, Norwich The Stationery Office, 2011.

- Europol (2004): *2004 EU Organised Crime Report*, Europol.
- Europol (2006): *EU Organised Crime threat Assessment 2006*, Europol.
- Europol (2014): *2014 EU Organised Crime Report*, Europol.
- Fauroux, R. (2005): *La lutte contre les discriminations ethniques dans le domaine de l'emploi*, La documentacion française, Paris.
- Franco, A. (2006): *Rapport d'information sur les changements démographiques et la nouvelle solidarité entre générations*, Rapport No. 2887, Assemblée Nationale.
- GELD (2001): *Les discriminations raciales ethniques dans l'accès au logement social*, GELD.
- Hammer, T. (2009): *European Immigration Policy*, A Comparative Study, Cambridge University Press.
- HM Government (2011): *Review of Counter Terrorism and Security Powers: Review Findings and Recommendations*, Norwich The Stationnery Office, pp. 41, 43.
- IMS (2005): *Gestion de la diversité dans l'entreprose*, IMS.
- INSEE (2005): *Les immigres en France, Edition 2005*, INSEE, Paris.
- Ivaldi, G. (2000): *L'extrême-droite en Europe occidentale*, Problèmes politiques et sociaux No. 849, La documentacion française, Paris.
- Ivaldi, G. (2004): *Droites populistes et extrêmes en Europe occidentale*, La documentacion française, Paris.
- La documentation Fraçaise (2006): Immigration, Les impacts sur le marché du travail, Problèmes économiques, bimensuel No. 2851.
- Loi no 2006 64 du 23 janvier 2006 relative á la lutte contre le terrorisme et portant dispositions diverses relatives á la sécurité et aux contróles frontaliers. J. O., 2006, 1.24.
- Manzanos, C. (2004): *Trabajo social y educación social con inmigrantes en países receptores y de origen*, Edicioes Aljibe, Málaga.
- Marazziti, M. y A. Riccardi (2005): *Euráfrica*, Icaria Editorial, Barcelona.
- Mármora, L. (2002): *Las Políticas de Migraciones Internacionales*, Editorial Paidós, México D. F.
- Masquet, B. (2003): *Immigration, intégration*, Regards sur l'actualité No. 299, La documentation Française, Paris.

◆ Maurin, E. (2004): *Le ghetto français*, Seuil, Paris.

◆ May, T. (2015): *House of Commons: Written Statement*, HCWS384, "Terrorism revention and Investigation Measures 1 December 2014 to 28 February 2015 12 Mar 2015".

◆ Merlin, P. (1998): *Les banlieues des villes françaises*, La documentacion Française, Paris.

◆ Othily, M. (2006): *Rapport de la commission d'enquête (1) sur l'immigration clandestine*, No. 300, Sénat session ordinaire de 2005-2006.

◆ Perea, R. (2006): *El efecto de la inmigración*, Fundación BBVA.

◆ Perez, M. (2004): *La Evolución Demográfica de España en el Contexto Internacional*, ICE No. 815, pp 13-30.

◆ Richard, J. (2005): *Les immigrés dans la société française*, No. 916, Sep. 2005, La documentacion Française, Paris.

◆ Rodríguez, R. (2006): *La españa convertida al islam*, Altera, Barcelona.

◆ Romero, C. (2003): *Qué es la inmigración*, Integral, Barcelona.

◆ Samir, K. (2003): *Cien Preguntas sobre el islam*, Ediciones Encuentro, Madrid.

◆ Salas, A. (2006): Diario de un skin, TEMAS DE HOY.

◆ Schnapper, D. (2015): *L'Esprit démocratique des lois*, Paris Gallimard, Coll « NRF Essals », Prix Littéraire Paris Liége.

◆ Sos Racismo (2006a): Informe Anual 2006, Sobre el racismo en el estado español, Icaria Editorial, Barcelona.

◆ Sos Racismo (2006b): Infrome Frontera Sur, 1995-2006: 10 años de violación de los derechos humanos, Sos éRacismo.

◆ Spencer, R. (2006): *Los cristianos son los cerdos y los judíos son los monos*, Colaboraciones No. 1006, Grupo de Estudios Estratégicos GEES.

◆ Taulés, S. (2004): *La Nueva España Musulmana*, Debolsillo, Barcelona.

◆ Tereul, A. (2010): "Francia veta el "burka" en la calle con un respaldo abrumador" EL PAIS, 15 de Septiembre.

◆ Terrorisme le gouvernement parie sur la vidéosurveillance. Le Figaro, 2005.7.27-.

◆ The Musilim Council of Britain (2015): "British Muslims in Numbers A Demographic, Socio economic and Health profile of Muslims in Britain drawing on the 2011 Census", pp. 16, 26.

◆ UNHCR's reaction to Statement of the EU Heads of State and Government of Turkey, 7 Mar. 2016.

◆アンディ・マクナブ（一九九七）：『ＳＡＳ戦闘員――最強の対テロ・特殊部隊の極秘記録――』伏見威蕃訳、早川書房。
◆大泉光一（二〇〇四）：「日本はテロ対策として何に取り組むべきか」『日本人のちから』Ｖｏｌ・13所収、東京財団、一〇―一一頁。
◆大泉光一（二〇一三）：「アルジェリア事件の教訓・テロ分析官育成急務」『読売新聞「論点」』、二月二二日付朝刊、一三頁。
◆大泉光一・大泉陽一（二〇〇四）：『日本標的――テロ・誘拐ビジネスの真実――』光人社。
◆大泉常長（二〇〇四）：「スペインの列車同時爆破テロ事件――イラクへの軍隊派遣が報復を招く――」大泉光一編著『次の標的は日本――アジア系イスラム過激派組織とテロ対策――』所収、ジャパン総研、一一―二九頁。
◆大泉常長（二〇〇九）：「ＥＵで顕在化する移民と社会統合の諸問題」『ＢＡＮ』所収、（株）教育システム、八月号、五〇―五四頁。
◆大泉陽一（二〇〇五）：「フランスの人種差別と社会経済問題」『海外事情』所収、第五三巻、第一二号、拓殖大学海外事情研究所、一二月号、六五―八〇頁。
◆大泉陽一（二〇〇七）：『未知の国スペイン――バスク・カタルーニャ・ガリシアの歴史と文化――』原書房、一八五―一八八頁。
◆岡久慶（二〇一六）：「イギリスの二〇一一年テロリズム防止及び調査措置法――テロリズム容疑者対策の変遷――」『外国の立法二六七』所収、国立国会図書館調査及び立法考査局、四七―五四頁。
◆警察庁（二〇一五）：平成二六年度の犯罪情勢、警察庁。
◆高山直也（二〇〇六）：「フランスのテロリズム対策」『外国の立法二二八』所収、国立国会図書館調査及び立法考査局、一一三―一三二頁。
◆駐日欧州連合代表部（二〇一六）：「ブリュセル連続テロ事件を受けたＥＵ加盟国および諸機関首脳の共同声明」三月二二日。
◆法務省（二〇一五）：平成二六年版　出入国管理、法務省入国管理局。
◆法務省公安調査庁「最近の国際テロ情勢」『国際テロリズム要覧（ＷＥＢ版）』所収、二〇一五年五月一九日アクセス。

索　引

〈カ　行〉

〈サ　行〉

〈タ　行〉

〈ナ　行〉

〈ハ　行〉

〈マ　行〉

〈ヤ・ラ行〉

《著者紹介》

大泉常長（おおいずみ　つねなが）

1974年メキシコ市生まれ．

スペイン国立サンティアゴ・デ・コンポステーラ大学大学院修士課程修了（国際経済学修士）．スペイン国立バジャドリード大学大学院博士課程にて所定の単位取得修了（博士候補者）．

東芝機械㈱技術部および輸出営業部勤務，麗澤大学企業倫理研究センター客員研究員，バジャドリード大学アジア研究センター客員研究員を経て，現在，青森中央学院大学・大学院地域マネジメント研究科准教授．

日本リスクマネジメント学会・ソーシャルリスクマネジメント学会共同認定危機管理士．平成26，27年度文部科学省「学校事故対応に関する調査研究」有識者会議委員．

主要業績

『日本人リーダーは，なぜ危機管理に失敗するのか』（共著，晃洋書房，2015年），ソーシャル・リスクマネジメント学会賞および日本リスクマネジメント学会優秀著作賞受賞（2016年）
『グローバル経営リスク管理論』（創成社，2012年）
『国際危機管理論——国際テロリズムの学際的研究および危機管理対策——』（編著，高文堂出版社，2007年）
『海外人的資源管理の理論と実際』（文眞堂，2006年）

激動の欧州連合（EU）の移民政策
——多文化・多民族共生の限界とイスラム過激派組織によるテロリズムの脅威——

2017年2月28日　初版第1刷発行

＊定価はカバーに表示してあります

著者の了解により検印省略

著　者　大泉常長©
発行者　川東義武
印刷者　田中雅博

発行所　株式会社　晃洋書房
〒615-0026　京都市右京区西院北矢掛町7番地
電話　075(312)0788番㈹
振替口座　01040-6-32280

ISBN978-4-7710-2810-4

印刷　創栄図書印刷㈱
製本　㈱藤沢製本